珍宝的殿堂

随大作家**深游**博物馆

〔英〕玛吉·弗格森 编

乐艳娜 译

重庆大学出版社

目录

前言
Foreword

博物馆是这样一个地方，我们从中探索过去，反思当下，收获引领走向未来的深刻见解。T.S. 艾略特（T. S. Eliot）提醒我们：

> 今日与往昔
>
> 也许都存在于未来

我们"对过去的理解应该被当下更改，就像如今也被往昔指引那样"。

在过去 50 年里，欧美博物馆的参观人数显著增加，这要归功于大众旅游的影响。博物馆的数量不断增加，规模也在扩大，我们对景观、体验以及内容的需求被夸张的新建筑满足。1997 年，弗兰克·盖里[1]的毕尔巴鄂古根海姆博物馆打造了一种新的模式，从那时起，它就激发了世界上诸多小城镇的野心。

但是，正如我们从这本书的文章里所了解的那样，如果不从负面的角度看，规模并不重要。2012年，作家奥尔罕·帕慕克（Orhan Pamuk）在伊斯坦布尔根据其 2008 年发表的同名小说创立"纯真博物馆"时，他想展示自己对博物馆的理解：它们应该是谦和的、便于人们游览的，最重要的是，是完全属于个人的。在帕慕克的博物馆宣言《纯真物品》中，他写道："大型博物馆提倡我们忘记自己的人性，拥抱国家及大众……个体的日常生活更丰富、更有人情味儿，也要有趣得多……博物馆应该变得更小、更有特色、门票价格更低。这是它们适应人类的角度讲述历史的唯一方法。"

这本选集中，几乎没有作者推崇大规

---

1 弗兰克·盖里（Frank Gehry, 1929— ），生于加拿大，后移民至美国，为美国知名后现代主义及解构主义建筑师，曾获得普利兹克奖。他最著名的作品就是用钛金属打造的西班牙毕尔巴鄂古根海姆博物馆。

模或百科全书式的博物馆体验。也许这是因为约稿的要求就是对博物馆短小而个人的思考。不过，这些文章的作者都认为，最有收获的博物馆之旅应当包括参观者与某件展品之间的交流。当我站在一个展厅里，面前是公元前 5 世纪制作的雕塑、500 年前绘制的一幅画或当代艺术家的电影装置时，我和原作者之间没有任何阻碍。我在公共空间里感受物体的形状和重量、画布上色彩的颤动、画笔的挥舞或者线条在纸张上的转折。这些物品是由另一个人制作的，记录了他或她对世界的认知或感觉，他或她的信仰，它们蜕变进入我们自己的时代。正是这种不可能通过网络（尽管谷歌对杰作细节的无限放大确实具颇具吸引力）获取的强烈情感，使我们在博物馆中成为人类创造的见证者。观察，有时甚至能手握一件物品的体验，是能引发生理反应的，有触感和空间感的。我们通过另一个创造主体的视角，将自己置于空间和时间之中。逐渐地，博物馆提供了无数大大小小的、对事物真意的领悟。

我们也许还会注意到，很少有作家选择描写那些大城市里最知名的博物馆。寻找遥远的小博物馆，就像朝圣一样，可以提升兴趣和增进体验。小博物馆通常使我们从日常生活节奏中脱离出来，审视我们自己或探索他人的见解。它们需要，并且也可以负担反思和冥想的时间。在一个被商业和商品、时尚和新潮统治的时代，博物馆成为价值坚守的地方。在集体感或公共空间感越来越稀少的社会，它们提供了体验共享的地方。博物馆可以成为表达观点的平台，可以提供视角，找到文化对社会变革做出反应和贡献的方法。在 21 世纪，最好的博物馆可以创造空间进行对话、辩论和思想交流，同时提供指导。像大学一样，它们可以验证假设，而且它们还会吸引大众，产生一种在学术机构中少见的信任感和集体感。

也许还很奇怪的是，尽管 19 世纪和 20 世纪后半叶，顶尖建筑师们极其重视博物馆的设计，但本书中鲜有文章关注到博物馆建筑本身的体验。只有阿兰·霍灵赫斯特笔下的哥本哈根托瓦尔森博物馆是个例外，但总体来说，作家们记录的是他们与展品，而非建筑本身的关系。无论如何，随着博物馆逐渐变成集会、思考的场所，建筑形式终将会发生变化。参观空间与社交空间之间的平衡会有所改变。在过去的 50 年里，博物馆先后引入了课堂、商店、餐厅、咖啡厅，甚至还有"活动空间"，我们已经目睹了一些显著的变化。在接下来的 20 年里，博物馆还会出现对研讨会、辩论、对话和实践的需求。"学习"将不仅仅局限于课堂或讲堂，还会通过整座建筑将我们从殿堂推向平台：这是一个民主的舞台，在其中我们互相学习，从自己的当下和往昔学习。尽管如此，近距离观察展品和艺术品的独特体验仍是检验博物馆的试金石。正是这一体验，激发了作家们的想象力，在接下来的篇章里与我们分享他们的见解。

尼可拉斯·赛洛塔 [2]

泰特美术馆馆长

2 尼可拉斯·赛洛塔（Nicholas Serota，1946— ），曾担任牛津现代艺术博物馆馆长和伦敦白教堂美术馆馆长，1988 年成为泰特美术馆馆长。2016 年他被任命为英格兰艺术协会主席。

序言
Preface

一些人在洗澡时灵思如泉涌；而蒂姆·德·里索[1]在大英博物馆里有了最好的灵感。那是在 2008 年的春天，他即将成为《经济学人》（*Economist*）姐妹刊《智生活》（*Intelligent Life*）的编辑时，与自己10 岁的女儿去参加大英博物馆举办的中国春节庆祝活动。"兵马俑"被售罄，但是他们找到了自己的快乐：追随一队灯笼，观看了中国剧团的表演，还在大中庭里看到格子间被改造成一口巨大的炒锅。

那一天是参观人数最多的一天，因而被载入了大英博物馆的史册。3.5 万参观者穿过十

[1] 蒂姆·德·里索（Tim de Lisle，1962— ），英国作家、编辑，《卫报》专栏作家。

字转门，以至于大门不得不被关闭——这还是自
1848 年宪章运动以来的第一次。

蒂姆突然想到，这一现象在他小时候绝不会发
生。他记得，在 20 世纪 70 年代，博物馆"是个很
沉闷的地方：灰尘、陈旧、令人费解"。他记得曾
在潮湿的周日下午被父母强行拉去参观"邋遢的老
式长袍放在没有头的服装模特架上"的 V&A 博物
馆、喧闹无趣而困惑的皇家战争博物馆和"该死的
骨架一个接一个"的自然博物馆。

但是，在蒂姆的童年与他孩子的童年相隔的 30
多年里，改革之风席卷了博物馆。它们苏醒过来，
变得明亮、好客，不再阴暗、内向。卢浮宫竖起了
玻璃金字塔，大英博物馆的大中庭被改造成一个
"玻璃甜甜圈"。

受所有这些启发，蒂姆想出了一个新专栏——
"作家写博物馆"，主题虽简单，但内容很丰富。
《智生活》每一期都会邀请一位著名作家——不是
艺术评论家——回到在其生命中曾发挥某种作用的
一家博物馆，写下他们喜欢或不喜欢的东西，编织
一条回忆的线。

几年以后，我接手了这一专栏的稿件。有一些非常有趣的约稿失败的情况。罗斯·特里梅恩[2]说她不喜欢博物馆，就像不喜欢新年聚会一样，"在非常短的时间里，需要涌上一种合适的情感和知识回应，我觉得深受束缚"；理查德·福特[3]坦承，"45分钟后，楼层就会变成混凝土，我的眼神无法集中"；大卫·赛德瑞斯[4]承认，他不爱参观博物馆，他是"喜欢逛礼品商店和咖啡馆的那类人"。

但是，作家们鲜少去博物馆的情况并不多见。这一专栏于今年早些时候结束时，已有38位作家撰写了曾激发其灵感的博物馆——有的甚至改变了他们的生活。他们的选择有的庄严——约翰·兰彻斯特写的普拉多美术馆；有的比较日常——罗迪·道伊尔写的纽约移民公寓博物馆；还有的其实有点奇怪——爱米娜塔·福纳写的萨格勒布的心碎博物馆。尽管作家们写作风格迥异，他们选择的博物馆也完全不同，但有一点是高度统一的，那就是上

2 罗斯·特里梅恩（Rose Tremain，1943— ），英国小说家、短篇故事家。
3 理查德·福特（Richard Ford，1944— ），美国小说家，作品《独立日》（Independence Day）曾获得普利策奖。
4 大卫·赛德瑞斯（David Sedaris，1956— ），美国幽默作家、剧作家。

乘的写作质量。

　　我们花了很长时间考虑本书要收录哪些文章，最终选择了我们认为最好的 24 篇。希望你能像我们一样，享受这些文章。

玛吉·弗格森

这些墙里有生活
纽约移民公寓博物馆, 纽约
There's Life In These Walls
The Lower East Side Tenement Museum, New York

很难接受这是一家博物馆。很难不去想象冈佩兹（Gumpertz）一家的成员——很可能是冈佩兹太太——会走进来，想知道我到他们家来做什么。

"看你家的壁纸。"我会这样回答。

冈佩兹太太——娜塔丽（Nathalie），原姓莱因斯贝格（Rheinsberg）——住在这个地方，也就是纽约下东城果园街97号，在地兰西街往南隔几间房的位置。此刻，我正站在她曾与丈夫朱利叶斯（Julius）和四个孩子居住的公寓里——直到1874年10月的一个早晨，鞋匠朱利叶斯离家去工作，再也没有回来。

　　我住在牌匾之城都柏林。知名作家、受人尊敬的国家建设者——这个城市似乎满是这样的人。我常常在想，如果某人卸下一块牌匾，乔治亚·都柏林[1]的建筑辉煌会发生什么变化。它可能会崩溃。我在郊区的家对面的街上有栋房子，它前面的墙上有块牌匾：阿瑟·格里菲斯（Arthur Griffith），新芬党创始人，曾居住在这里。从那里步行 10 分钟，又会看到一个牌匾——埃尔温·薛定谔（Erwin Schrödinger），物理学家和诺贝尔奖获得者，1939—1956 年居住于此。向相反方向走 10 分钟，则是布莱姆·斯托克[2]的故居，但那栋房子并没有牌匾。可能现在的居住者不想看到他们的花园从围栏到邮箱挤满了日本年轻吸血鬼。不过，在基尔代尔街的另一栋房子上，有一块关于斯托克的牌匾。

　　我喜欢牌匾。我喜欢知道詹姆斯·乔伊斯[3]曾住在这里，

1　乔治亚·都柏林（Georgian Dublin），这个词用来描绘都柏林 1714—1830 年建筑的统一风格，其间有四位名为乔治的国王相继继位。

2　布莱姆·斯托克（Bram Stoker，1847—1912），作家，1897 年出版了以吸血鬼为题材的小说《德古拉》（Dracula），并因此成名。

3　詹姆斯·乔伊斯（James Joyce，1882—1941），爱尔兰作家和诗人，20 世纪最重要的作家之一，代表作包括《都柏林人》《尤利西斯》和《芬尼根的守灵夜》。

爱德华·卡森（Edward Carson）爵士是在那儿出生的。我喜欢惊喜——谢里登·拉·芬努[4]曾居住在这儿，欧内斯特·沙克尔顿[5]曾生活在那儿。路德维希·维特根斯坦[6]在1948和1949年的冬天爱坐在这些台阶上写作。牌匾似乎增加了城市的深度，使它更爱尔兰，不那么像个隔绝的岛。牌匾纪念并指出是艰苦工作、别出心裁和起伏命运造就了这些人的显赫名声，这样当然很好。但是仍有局限：名声。我从未见过有一块匾额写着"玛丽·科林斯（Mary Collins）曾于1897—1932年居住于此，她爱她的家人"，或者"德里克·墨菲（Derek Murphy），1923—2001年，印刷工人，坐在这些台阶上，在工作完回家的路上抽烟。他喜欢笑，一直极为努力"。

这就是移民公寓博物馆如此特别，也是15年间我三次来到这里的原因。没有名人曾住在这里，但

4　谢里登·拉·芬努（Sheridan Le Fanu, 1814—1873），爱尔兰恐怖小说作家，代表作有《女吸血鬼卡蜜拉》（Carmilla）。
5　欧内斯特·沙克尔顿（Ernest Shackleton, 1874—1922），爱尔兰南极探险家，他曾带领"猎人号"向南极进发，并在1914—1916年带领"坚忍号"进行南极探险。
6　路德维希·维特根斯坦（Ludwig Wittgenstein, 1889—1951），奥地利哲学家。他生于奥地利，后加入英国国籍，是20世纪最有影响力的哲学家之一。

人们住在这里。

我站在一台缝纫机前，它非常像娜塔丽·冈佩兹在其丈夫出走后用来维持一家人生计的那一台。我们永远不知道他为什么离开，而这是博物馆吸引人的一个重要原因。每个房间根据事实被组装——或重新组装。出生证明、户籍细节、法庭证词、衣服、壁纸残件、油毡边角，其他的则留给我们去想象。我们知道他离开了，知道他从未回来。我们站在这个房间，它停留在——或者说似乎停留在——娜塔丽和她的孩子意识到他不会回来的时候。我们看看缝纫机。它与现代的产品比起来显得很小。这里没有电灯或煤气灯。只需要四五步，我们就可以从公寓的一头走到门口和外面狭窄、阴暗的走廊。水必须从房子后面用桶打上来——先下去，再上来三层楼。娜塔丽也许申请了院外救济：每周 2 美元，通常是以实物的方式给予——面包、煤炭，而不是现金。她也许曾向房东卢卡斯·格罗克勒（Lucas Glockner）寻求租金优惠。也许是新成立的"希伯来慈善会"向她提供了缝纫机。我们不知道。"公寓大楼"是指三家及以上的住户居住在一起的建筑。站在这个房间里，这个词有了情感上的影响力。

但是，壁纸是美丽的。这个早上有阳光，寒冷而清澈。壁纸在任何天气下都很美，有花纹，很漂亮。我不是会注意到壁纸或家具的那种人。我想这是我首次写出"花纹"这样的词。但是，这些壁纸是重要的。它使冈佩兹一家——我的冈佩兹一家——脱离了不幸和伤感。它不是原装的壁纸。这栋大楼共有 5 层，每层有 5 间公寓。将这一公寓大楼改造成博物馆的人在一些房间里发现了 20 层壁纸。他们将冈佩兹家壁纸的残片带到一家可能是在19 世纪 70 年代生产它们的公司，该公司又生产了许多新壁纸，可以覆盖整个客厅的墙壁。但是——精彩之处来了——新壁纸看起来似乎就像在墙上贴了 140 年。它们像是某种反抗：生活是灰暗的，但墙壁是明亮和精致的。娜塔丽的丈夫失踪了，他们四个孩子之一的伊萨克（Isaac），在 8 个月后去世。1870 年，户籍官将娜塔丽列为"家庭主妇"；到了1880 年，改为"女装裁缝"。作为前厅的客厅已经成为娜塔丽的"店铺"，她的客户可以在此对裙子和外套的修改提要求。他们走进明亮而欢乐的房间，走进未来的成功、希望和信仰，这是一种对衣服会被改得很好的力量的信仰。

房间里有一张娜塔丽的照片，大约拍摄于1880年。她看起来坚强、小心翼翼，像是那种如果愿意，或需要，就能使别人笑起来的女人。

果园街97号的公寓大楼于1863年由娜塔丽的房东格罗克勒建造，他是一位德国移民，也是一位裁缝。那时，这个现在叫下东区的地方被称为"小德国"。从那一年直到1935年它作为住宅被报废时，至少有7000名来自二十多个国家的移民或是移民的后代曾在那里居住过。

1935年，当时的房东决定不再按照新住宅法的要求进行昂贵的改造。他的租户们无法承担房租上涨，所以他驱逐了他们，关了门。下面两层楼的店铺还开着，但是通往楼上公寓的大门被关闭了——不是完全意义上的关闭；一些公寓被用来当仓库——直到1988年，两个女人：博物馆创始人露斯·阿布拉姆（Ruth Abram）和阿尼塔·雅各布森（Anita Jacobson）将其开放。我想象有一阵风吹过，然后是各种声音，波斯人、波兰人、爱尔兰人、意大利人，讲着德语、意第绪语、意大利语，可能还有盖尔语，也许还有英语："你为什么来得这么晚？"

对于一些参观者来说，果园街是不可替代的，《教父2》中，罗伯特·德尼罗（Robert DeNiro）在去杀唐·范伦奇（Don Fanucci）时经过的就是这儿的屋顶。从一楼往上看，我们可以穿越百年，甚至更远。站在移民公寓博物馆外的游廊上——即使是"游廊"一词也令人兴奋：在爱尔兰，我们只有台阶——我在看电影，上百部电影，几十个我爱的桥段。

里面，在狭窄大厅的阴暗之中，我被带到更早的时候，比电影的年代还要久远。这里很像德尼罗所站的大厅，他把枪卷在毯子里，准备向唐·范伦奇射击。这就像看雅各·A. 里斯（Jacob A. Riis）的照片——我几乎走进了照片。里斯拍摄的那些纽约公寓大楼，以及居住在其中的人们骇人的生活条件，还有他的著作《另一半是如何生活的》（*How the Other Half Lives*，*1890*），推动了大规模房屋改造和翻新工程。里斯也许曾在这个大厅站立过。他也许曾穿过这里到楼上拍摄，并与租户交谈。虽然天气晴朗，但大厅却很阴暗。直到 1905 年，这里才装上了煤气灯；1924 年，装上了电灯。这肯定让人害怕，觉得危险。1905 年的墙面是麻布质地的，也许是为了适应新安装的煤气灯，上面刷了层亚麻油。这是一面令人难以移开视线的墙面，颇具吸引力，它的易燃构造令我联想到仿佛一个顽童正在那儿玩一盒火柴，而我的孩子们在楼上睡觉。

剥落的颜料奇怪得感人。这不是再造。这就是大厅原来的样子；这就是原来的颜料。我正站在娜塔丽·冈佩兹去取水的路上；这也是后来最后一批租户之一约瑟芬·伯尔迪兹（Josephine Baldizzi）去上学的路。他们的肩膀擦过这些墙壁；伯尔迪兹家族的肩膀拂过这些颜料。这里停过婴儿车；人们搬着一桶桶煤和一匹匹布经过这里。那些刚刚从埃里斯岛下来的人们挤在这里，思考着要去做什么。

房子的生命就在墙里，很想用手掌擦过一片墙，来消除那些忽视和岁月，看碎片起起落落——像在咳嗽，并笑着。但这条走廊属于那些已经逝去的人，它实际上是美丽的，就像哈瓦那是美丽的一样。"他们为什么不修它"这样的问题很快就被遗忘了。天花板是压制金属;灰泥涂抹的拱门、木制的护墙板可以追溯到 1863 年。它巨大、肮脏,有点儿像新移民眼中的美国。

在爱尔兰,"房东"一词常让人想到"贫民窟",或者是"没有居住在产权地的人"。爱尔兰的历史充满了贫民窟房东和没有居住在产权地的房东。我记得当我还是一个小男孩时,牵着爸爸的手,望向都柏林一座乔治亚房屋黑暗的大门入口。门上的窗户是破的;大门后面的大厅幽暗而庞大。跟我差不多大的野孩子跑进跑出,在台阶上打架。"他们为什么在那儿?"我问父亲。他告诉我:"他们住在那里。"这个答案令我害怕。"他们是勇敢的男孩吗?"我问。他笑了:"噢,不。但将来他们会是。"

我知道现在我正站在一个贫民窟里,但是我面前有一幅画——一个圆形的徽章。我身后还有一个,不过它已经污损了。面前的这一幅则被修复了。它上面画了一栋木头房子、蓝色的天空、明亮的草地,就像一个天才儿童的作品一样。很难想出它为什么会在那面墙上。但是，它就在那儿，它很亮堂，某种程度上颇具希望。格罗克勒多年来所做的修缮是法律要求的，但他一定对这所房子很自豪。毕竟，它曾经也是新的。

楼上的房间保持了1988年发现它们时的样子：多层墙纸和颜料；多层油毡地毯；多层生活。我常穿行于那些古老的被遗忘的房子，想象它们是我的，我装修它们，然后住进去。但是在这里，关于这些"遗忘"有一些具体的东西，甚至有一些神奇。这不是完全的遗忘；它是尊重。人们曾在这里居住——人们现在在这里居住。

往上的楼层，在被改造后的房子里，在冈佩兹、罗加舍夫斯基、列文、莫尔斯和伯尔迪兹的房子里，也是如此。一个玩具、一件婴儿内衣、一把剪刀、一罐牛头牌芥末粉，这些细节吸引着我们，把我们带到这些人面前。奇怪的是，"大约"和"也许"这些不断重复的词也有这样的效果。它们使我们安静，让我们走动，觉得像在自己家里一样。过去似乎消失了——牛头牌芥末看起来与我们那儿超市里的一模一样。这里空间很小，但被巧妙地利用。内部的窗户——内壁上的大窗户看起来很奇怪，甚至有点儿让人不安。但它们发挥了作用，光线进入到最深的角落。生活是艰难的，但光存在于家与智慧交织的地方。

伯尔迪兹公寓还有一些额外的东西，那就是1926年出生在这里的约瑟芬的声音。她在1935年9岁的时候因为家庭被驱逐而离开这里。她的声音被录下来，充满了房间。她的声音很大，很美国范儿。她在这里的生活并不是很悲惨。"我的爸爸什么都会做。他有一双金手。"那些决定将这栋房子改造为博物馆的人也是如此。

1883年，在朱利叶斯·冈佩兹离开果园街97号9年后，娜塔丽接到通知，她丈夫的父亲在德国普拉斯尼兹去世，留给她600美元。朱利叶斯需要从法律上被宣告死亡。卢卡斯·格罗克勒、她的女儿罗莎和娜塔丽自己签署了书面证词，证明朱利叶斯的失踪，随后娜塔丽成为朱利叶斯财产的正式继承人。600美元相当于4年多的租金。她与三个女儿搬家了——进一步向美国深入——到了上东区的约克维尔。她可以负担新房子的费用，而下东区本身也在经历变革。娜塔丽有许多新邻居，和她一样都是犹太人。但他们是东欧人；他们讲意第绪语。而当时德国人正在迁向约克维尔。1886年，娜塔丽居住在东73街的237号，她的职业是"寡妇"。8年后，58岁的她去世了，留给女儿们1000美元的遗产。她们在母亲去世1年内都出嫁了。

2009年，朱利叶斯终于被找到了。他1924年死于俄亥俄州辛辛那提犹太养老院。他的职业，是"小贩"。

撰文 / 罗迪·道伊尔[*]

纽约移民公寓博物馆

美国纽约果园街103号，邮编：NY10002

罗丹石头里的十四行诗
罗丹博物馆，巴黎
Rodin's Sonnets in Stone
Musée Rodin, Paris

你永远不会忘记自己的初吻吧。我的初吻发生在 30 多年前，在学校组织去巴黎的旅途之中。或许是个愉快的巧合，又或许是个神圣的笑话，在那一年的复活节，我还遇到了另一个不可磨灭的吻。与来自奥德比（Oadby，一个英国小镇）的戴夫（Dave）那个尴尬但有趣的接吻发生在宿舍圆丘状的帐篷里，充满了年轻人袜子的臭气。这个吻在我个人记忆的长廊里留有一个位置，但已不在我的心里。另一个吻——是奥古斯丁·罗丹（Auguste Rodin）的作品——开始于对左岸[1] 一个

1 塞纳河以南的部分称为左岸。在这里，有许多的学院及文化教育机构。以年轻人居多，消费也较便宜。

小博物馆的爱恋，在那里，《吻》(Le Baiser) 坐落在雕塑家宏大的作品以及他的情人卡米耶·克洛岱尔（Camille Claudel）的一些优秀作品之中。由艺术赋予的吻，与男人们赋予的不同，它是刻在石头上的。

正是在罗丹博物馆，我第一次认识到艺术的可能性。我跟在热情的亲法派老师 S 先生的后面，他戴着一顶并没有什么讽刺意味的贝雷帽，那时我们已经"完结"了巴黎圣母院之旅，在卢浮宫沿线"长征"。在装上玻璃金字塔显得轻快的大翻新前，卢浮宫与那些观感最差的博物馆一样：庞大得要命，冗长走廊的墙上排列着胡子像铁铲的公爵和戴着贵宾犬假发的、被宠坏的、刻薄的女人。几个小时后，我们的脚很痛，感到很疲惫，然后就看到了《蒙娜丽莎》。我记得当时觉得她居然这么小，居然又矮又胖。那个著名的微笑暗示着一种尴尬，嘲笑人们辛苦奔波千里来看她，事实上她并没有什么特别。我们崇拜地听着 S 先生用假高卢人的手势，讲述肖像画史上的转折点、肤色的微妙处理等。但并没有什么用。《蒙娜丽莎》是伟大到我们几乎看不到的杰作。或者我们应该自己去发现她的秘密，就像年轻人亟须去做的，不管是在爱情，还是在艺术里。

那天快结束时，我们最不想要的就是参观另一家博物馆。但是当光线褪变成斑斑点点的银色，巴黎的天际看起来像一张老照片时，我们发现自己已经身在瓦雷讷街。你需要穿过一个铺着鹅卵石的院子，才能走到拜伦酒店的前门。拜伦酒店其实是个完美的小城堡，就像一个玩偶之家从天堂降落到圣日耳曼法布街上面积为 7 英亩的精致正统花园里。它大约建于 1730 年，开始是私人所有，后来成为一所学校。到 1905 年，它年久失修，房间被出租给一些住户。这些住户一度包括让·谷克多[2]、亨利·马蒂斯[3]、伊莎多拉·邓肯[4]、诗人赖内·马利亚·里尔克[5]和罗丹自己。等待去洗手间的队伍应该相当壮观。

1916 年，当罗丹

75 岁时，大家同意将这一建筑改造成罗丹博物馆，他捐出了自己的藏品，以及自己所有的雕塑和不那么知名的画作，还有马蒂斯线条清晰的《宫女》（*Odalisques*）底稿。

尽管罗丹在 1919 年博物馆开放前去世，但很难想象在另一家博物馆会感受到其创建者这么强烈的所在。说实话，如果几个小时后，没有一位胡子浓密的人从曲折的大理石台阶走下来——就像穿着睡衣的摩西继续充满力量地从大理石监狱里将他创作的那些人物解救出来——你会觉得颇为失望。让我的人民离开吧。

所有伟大的艺术家都是自我掠夺者。在他们经历了从心目中的英雄那里窃取的阶段之后，就开始扫荡自己的作品。这不是缺乏新想法或者是愤世嫉俗的再利用，而是出于一种奇妙自信所产生的冲动。这一次，就像附近餐厅里的米其林星级厨师乔·侯布匈（Joël Robuchon）一样，会使各种要素的平衡刚刚好，从中制作出甚至是自己也不曾预想到的东西。只要你在这些高大典雅的展厅里，看看那些不屈不挠重复的作品，就能体验到这一点。

当你穿过大门，灰姑娘楼梯在你右侧，《行走的人》（*Walking Man*，1900—1907）就在你前面——那是一个巨大的无头青铜雕像。组装《行走的人》的那两条腿，原本是为了《圣约翰施洗者铜像》（*St John the Baptist Preaching*）而创作的，还有一部分来自罗丹放在周围的另一具躯干的碎片。在窗户边，从花园透进来的光给一双被称为《秘密》（*The Secret*）的手打上了圣洁的光。这件作品与丢勒[6]绘制的祈祷之手一样，经过反复修改，几乎相触的手指一直因其逼真而广受赞誉。但是，再看仔细一些，你会看到雕塑家其实是将两只右手叠加到一起。奥古斯丁·罗丹从来不允许自己的任何作品全是手指。如果左手破坏了完美的对称，那就抛弃它，两次使用同一只手。

同样无耻的，甚至是更大开脑洞的，是罗丹对《殉道者》（*The Martyr*）的扭曲。这个四肢伸展的形象，头向后，一只胳膊大大打开，似乎是要抓住她自己，

6　丢勒（Durer，1471—1528），德国中世纪末期、文艺复兴时期著名的油画家、版画家、雕塑家及艺术理论家。

从一开始就显得含混不清。她到底是为什么而殉道的：是闺房之乐还是公众之痛？她不知道自己是来自天堂，还是要到天堂去。你会发现，她以萌芽形式出现在罗丹的众多标志性作品中，如《思想者》(*The Thinker*)、《倒下的人》(*The Falling Man*)、《逝去的爱》(*Fugit Amor*)、《浪子》(*The Prodigal Son*)，以及《地狱之门》(*The Gates of Hell*)，最后一个是法国政府于1880年委托给罗丹的，直到1917年他去世时仍未完成。

《地狱之门》现在占据了花园的一整面墙，离公路最近。我一直不喜欢它，而喜欢罗丹在佛罗伦萨圣约翰施洗者施洗礼堂的那扇大门。门是罗丹灵感的来源，严格的对称使混合放置的视觉感更好。罗丹的门几乎令人难以消化，不仅仅是初见，在长久沉思后亦是如此：垂直的战场，缠绕在生死之间的身体——对于从西部前线回来的人，这会有什么样的冲击，我们很难想象。但罗丹将他的殉道者抬离了墙壁，给了她一个独秀。然后，在1896年，他把她翻转，在她背上加上了一双翅膀，并使她垂直落向自己的大理石基座，鼻子朝向地面。这一次她被称为《幻想：伊卡洛斯[7]的姐妹》（*Illusion: Icarus's Sister*），使她有了进一步的提升。我们都知道那个使用蜡翼的男孩鲁莽地与太阳擦肩而过，但谁知道那种坠落是家族传统？

近年来，我对罗丹使用神话来命名的怀疑越来越大。性的意味越浓烈，作品就越被打上经典的标签——以期被他那个时代受过教育的参观者所原谅。一幅作于世纪之交的画作标签上写着：《普赛克[8]，被送至天堂》（*Psyche, to Heaven*），但普赛克是否真的是在被运送的过程中，或只是在享受那个漂亮的男孩吸食她的右乳，这很难说。

所有这些艺术的历史层次令人着迷，它们提供了有关创造力的大师课堂，但在 1975 年，没有一件作品打动我。我当时太过诧异了。对于第一次来参观的人，罗丹博物馆传递了强有力

7　伊卡洛斯是希腊神话中代达罗斯的儿子，与代达罗斯使用蜡造的翼逃离克里特岛时，因飞得太高，双翼被太阳熔化，他跌落水中丧生，被埋葬在一个海岛上。

8　普赛克是罗马神话中的灵魂女神。原是一名罗马国王的女儿，外表和心灵美丽无双，引起罗马爱情与美丽女神维纳斯的妒忌，维纳斯用计把普赛克嫁给世界上最丑恶凶残的野兽。但这一计划导致其儿子小爱神丘比特爱上了普赛克并和她秘密成婚。普赛克遭到姐姐们和维纳斯的种种刁难折磨，但最终战胜了磨难，和丘比特正式成婚并进入了天堂。

的震憾。空间尽管巨大，却是亲密的，所有磨损和剥落都使它更为可爱；在其两层楼里被正式束缚着的——几乎难以束缚——是贪欲、拒绝、嫉妒、暴力和爱，高潮迭起，但永远触不可及。看看《永恒的偶像》（*L'Eternelle Idole*），裸体的男人跪在略高于他之上的裸体女人前面，女人俯身看着他，而那个可怜的人正吻到她胸部以下的位置。她看起来是在可怜他吗？他的手臂尴尬地交叉于自己的身后，而非环抱着女人，这是否意味着他还不是她的爱人，而更像一个无助的祈求者，是个无法逃避那份热情的奴隶？然后，还有《吻》本身。

30 年后，我想象当时在这一不朽的吻中看到了什么。如果把它放在拉斯维加斯的爱之教堂里，是非常契合的。但对于罗丹来说，大理石有时过于光滑和冰冷：如今，我被原作旁不起眼的玻璃柜里那个更粗糙和随意的赤陶版《吻》所打动。但是，我仍然对第一次看到的《吻》有所亏欠。对于一群来自英格兰中部地区的疲倦的年轻人来说，这里值得倾注更多的关注。死去的人们感受过这些；而生者继续感受它们。罗丹的雕塑为我们做了连接；它们在其洁白光滑的大理石皮肤下继续挣扎、屏息、渴望和接受爱抚。

四年后，我成了个大学生，坐在剑桥艺术电影院里观看罗伯托·罗塞里尼（Roberto Rossellini）的《游览意大利》（*Journey to Italy*），其中英格丽·褒曼（Ingrid Bergman）和乔治·桑德斯（Geroge Sanders）饰演了一对极不开心的情侣，探访了庞贝的考古博物馆。

看着那些被困在灰烬里苦痛人物的形态，褒曼被征服了。我认识她脸上的表情。她极为清晰地发现，她和她的丈夫不是第一对经历苦难的人，也绝不是最后一对。维苏威火山通过意外做到的，罗丹通过设计也做到了。

我不推荐婚姻状况不佳的人来罗丹博物馆。及时行乐的感觉势不可当，离婚律师如果在出口处设立营业点，绝对生意兴隆。如今，这座博物馆已经变成了浪漫的约会场所。我最近一次探访是与孩子们的父亲一起去的。我们到巴黎来过周末，就像许多中年夫妇那样，看看已经为人父母的我们是否能重新找回情侣时的状态。当他偶然提到，多年前，这里的花园曾是他自己的约会场所，我震惊了。"但它是我的博物馆。"我抗议道。这样说有点愚蠢，是的，当我们找到一个所爱的地方，我们在将之与世界分享和独自拥有之间犹豫不决。我觉得罗丹博物馆仍是属于我的秘密，但它其实是开放的，就像它本来就应该是的样子。

　　这一次，我们直接去了楼上更安静的房间。触摸大理石肌肤的冲动是难以抗拒的，以我的经验来说，楼上的管理员比楼下那些"禁止触摸"的执行者更宽松一些；但是请不要向我学习。在某些地方，最愉悦的东西并不是最明显的。这里收藏有8000多张艺术家及其作品的照片：它们是时间旅行的快照，使我们看到其他人在罗丹那个时代是如何看待他的。我最喜欢的，是头发已随年老而变得花白的罗丹正与其名为《上帝之手》（*The Hand of God*）的巨大石膏模型握手。创作者遇到了他的创造者，以及足以与之匹配的人。

　　在我应该是第七次到访博物馆的时候，我毫不犹豫地走向《达那伊德》（*La Danaïde*）。年轻的女子面部朝下，长发从面前倾泻，她被诅咒，要永远向一个不见底的花瓶倒水。但是作为补偿，罗丹给了她所有艺术作品中最为美丽的背部。任何女子都愿意为拥有这样动人的石膏肩胛而死。她应该被介绍给米开朗基罗的大卫，他们会生出最漂亮的石头宝宝。

如果你沿着鹅卵石路走到花园的尽头，透过喷泉看向拜伦饭店，你完全不知道这座美丽的建筑物里隐藏有多少的人性。第一次去时，我还是个小女孩，什么也不知道，我希望在自己成为睿智的老年妇女时，能够再去那儿，对我曾经的感受感到惊奇。《吻》也许只是一个吻，但即使时间飞逝，一些永恒的事物永远存在。

撰文 / 阿利森·皮尔森 *

罗丹博物馆

法国巴黎瓦雷讷街 79 号，邮编：75007

烈火下的阴凉
阿富汗国家博物馆，喀布尔

Cool under Fire
The National Museum of Afghanistan, Kabul

两条巨大的、几乎是没有躯干的石腿站在大厅里；它们附近坐着一个破碎的佛像，肩膀隆起，眼含悲伤——它是 1700 年前一位阿富汗雕塑家的作品。2001 年，塔利班将它敲成了碎片。佛像似乎正在哀悼它重新被组装起来后的所有裂缝和石膏接合处。

很难不把喀布尔博物馆写成一曲挽歌，也许远在塔利班到来之前就是如此。你进门时左手边的白色大理石门，很可能来自喀布尔大市场，它于 1842 年被英国人烧毁，以报复在首次英阿战争中失利的耻辱。博物馆建筑上还有 1993 年春被火箭击中的伤痕。在那个秋天，一伙军事人员闯进储藏室，洗劫了展柜，烧毁了记录，移走了大部分收藏。

但它并不是个令人悲伤的地方。我在 2002 年初第一次看到它。在那个冬天，我从赫拉特（阿富汗西部的一个城市）步行至喀布尔。我看到了数以百计的村民挥着锄头，在巴基斯坦商人的指导下，挖掘、掠夺、摧毁龟山古城，那是失落的中世纪阿富汗首都。塔利班已经炸毁了巴米扬山谷悬崖一侧的两座 6 世纪开凿的纪念性佛像。我发现约 11000 英尺高的山脊上有掠夺者留下的新坑。在这个满是偏远小村庄的国家，人均寿命 37 岁，识字率 8%，偷盗文物是一种常见的"职业"，还有一些人从事海洛因的生产或应征成为雇佣兵去打仗。

喀布尔中部似乎像一个延长的安检站。你被人阻拦下来，他们拉开车门，用枪指着乘客。你发现道路突然变成狭窄的沙包通道，或者被混凝土防爆墙完全封闭。而你被鸣着警报的武装车辆、使馆护卫车和皮卡车上的军事人员挤到路边。

但是，向西南通往喀布尔博物馆长达 5 英里的宽阔大道，把人带回到一个更为和平的国家。你可以在路两边看到雪峰。人们对交通不太在意，坐在由缓慢行走的驴子拉的空车上。这是阿富汗铺设的第一条公路。阿曼努拉国王在 20 世纪 20 年代驾驶他的七座劳斯莱斯在上面行驶过，尽管从那时起，路边的法国梧桐就被砍下来当柴火，但它仍是那条用砖石铺设的道路。在大道的末端，由 15000 英尺高的尖顶组成的、面对着博物馆的，是他那被毁掉的伟大王宫达努尔·阿曼（Darul Aman）——意为"和平的地方"。

博物馆既没有像北约基地那样，用带刺的铁丝网和防爆墙围起来；也没有像阿富汗新贵那些耀眼的宫殿一样，有着向外伸出的镶嵌着金银丝的阳台和粉色的圆顶；更没有用毒贩、军阀和部长们喜欢的绿瓦覆盖。相反，它是一栋 20 世纪 30 年代的两层别墅，墙体是暗色灰泥卵石涂层，屋顶下有一小条白色的石膏装饰带。外面的棚里有两辆 50 年代的美国汽车，部分被褐色的帆布所覆盖。还有一台火车发动机，尽管并不存在铁路。

自海盗式的匈牙利考古学家奥莱尔·斯坦因（Aurel Stein）爵士于 1943 年到访后，入口就没有改变过。奥莱尔·斯坦因爵士 80 岁时在喀布尔去世，被葬在英国墓地。售票亭的玻璃上贴着褪了色的明信片。桌子后面堆着一些导游小册子，印刷于20世纪70年代达乌德（Daud）总统统治时期，甚至更早的王国时期。售票亭的两位妇女似乎在这种半明半暗中穿越了多年，她们快吃完午饭了，对于有人来买票颇感惊讶。

自斯坦因第一次访问，国际社会给阿富汗的资金高达3000亿美元，但环境没有发生一丝变化。妇女们仍在吃午餐。一层的文物似乎就是随意摆放的，就像一些暴露在外的考古点一样。这里既没有现代馆长那些展示技巧的痕迹；也没有一个安静的暗色大厅，使一些珍宝在沉默的照明中凸显出来；更没有隐藏的聚光灯，鼓励你把每件文物看作神秘的象征和古人的智慧。在这里，展览凭借自然光线展示在白墙小厅里。迦腻色伽王一世（Kanishka）的无头雕塑有着超大毛毡靴子和百褶裤，它曾被摧毁，又被修复。没有经过艺术性选择的颜色规划，没有展览引语或展示地图，没有启示性的并列展示、解释铭牌、语音导览或光滑的目录说明。通常，什么标志都没有。也几乎没有参观者。

在喀布尔的外国外交官和 NGO 的工作人员被要求出行时需要带着保镖，而文化参观是一种奢侈。同时，在城市其他地区，阿富汗人正在享受文化的回归——鲁米（Rumi）的诗朗诵可以使整个花园里满是盘腿坐在地毯上的男女，苏菲（Sufi）的音乐可以吸引一大群人——他们慢慢开始重视和参观他们的博物馆。

一楼只有佛像这一件文物是放在玻璃柜里的。其他的，作为被选出的实物，似乎并没有那么艺术。半雕刻的圣龛看起来像是披着一层石灰灰尘。前厅的盆也非常脏；但没有什么可以削弱黑冷大理石的光芒。它周长约 8 英尺，下面刻有莲花纹，意味着它应该是一件佛教用品，上面有模糊的古阿拉伯刻字，记录着它在中世纪坎大哈一所神学院被重新使用。

你可以从一楼阿富汗东北异教文化的古老雕像上闻到雪松的味道。在幽长房间的尽头，光线透过褐色而肮脏的窗帘微弱地照射进来，有一个腿细脸平的人物敷衍地扶着剑，跨坐在一匹粗糙简化的马上。用来雕刻它的喜马拉雅杉树径应该在 9 英尺左右，很可能是完成于伊斯兰教到达努尔斯坦，甚至是南亚之前。

这些英雄雕像大部分在 19 世纪 90 年代努尔斯坦被征服时遭到摧毁。100 年后，它们又被圣战者们摧毁，随后又被修复。此后又被塔利班破坏，并再次得到修复。但其中最引人注目的，不是破坏圣像者的粗暴，而是雕刻者的。大部分碎片都带有手斧的野蛮痕迹。只有马背上那个人的巨大肚子是平滑的。

但是，当我在春天参观时，真正给我启发的是二楼的新展览。这里，外国馆长与本地员工一起将墙涂成了柔和的红色，并且引入了玻璃展柜，展示一系列近期才被发掘出来的小型雕刻。这些小型雕刻的原料是带香气的雪松，精致而又自然，这些平静的雕像永远地改变了亚洲艺术，改变了我们对阿富汗 2 世纪的印象。

它们来自月氏国，可能常被看作野蛮粗俗的缩影。这些草原骑手碾压了亚历山大一世的最后一批继承者，推倒了希腊剧院，并将德尔斐神庙¹的石碑变成废墟。

1 德尔斐神庙，位于希腊，主要由阿波罗太阳神庙、雅典女神庙、剧场、体育训练场和运动场组成。古希腊人认为，德尔斐是地球的中心，是"地球的肚脐"。

他们对文明、金融、信仰和艺术的追求，看起来也是滑稽的。在他们的钱币上，精致的马其顿头像被穿着宽大靴子的卡通形象所取代，文字是没有意义的倒写希腊字母——全是由文盲刻上去的。钱币展示了 50 位不同的神，从赫拉克勒斯[2]到湿婆[3]的坐骑公牛南迪[4]。而在他们的皇宫巴格拉姆所发现的精致宝藏，都是进口的——中国的漆器、亚历山大港的玻璃、印度弯曲象牙制成的舞女——它们可能只是被堆在贸易之路上的某个仓库里。

但是在二楼这个小小的房间里，原本野蛮的王国却显现出了最伟大、最令人困惑的古代文明之魅力。这些文物来自喀布尔东南 25 英里的梅斯·艾纳克（Mes Aynak），考古学家在那里刚刚发掘了一处公元 2 世纪的佛教遗

2　赫拉克勒斯（Hercules），是希腊神话里的大力士。他是宙斯与阿尔克墨涅的儿子，神勇无比、力大无穷，完成了 12 项被称为"不可能完成"的任务。他还解救了被缚的普罗米修斯，隐藏身份参加了伊阿宋的英雄冒险队并协助他取得金羊毛。最后他遭到宙斯妻子赫拉的迫害，自焚身亡，死后升入奥林匹斯圣山，成为大力神。

3　湿婆（Shiva），印度教三大神之一，兼具生殖与毁灭、创造与破坏双重性格，呈现出各种怪诞的不同相貌。

4　南迪（Nandi），为印度教体系中湿婆的坐骑，是湿婆最忠实的信徒，也是喜马拉雅山的守门神，不仅是象征欢喜的神祇，也是印度教四天王所率领的八种鬼神中的领袖。

址，发现了令人惊讶的艺术作品。这个具有印度特征的人物雕像穿着马其顿短裙，长着波斯胡子，鼻子上的金叶已经脱落，但其厚厚的眼睑依然完整。沙岩佛像的手势看上去很有力。这是一座有着清晰、高贵阿富汗形态的佛像。在世界上还有哪里能看到这样坚定站立的佛像？他的腿牢牢植根于宽大的脚上，衣袂飞舞。还有哪儿可以在佛像边找到一个裸体的人？或者是一尊黑岩菩萨，脸上满是皱纹，有着自由流浪人的傲慢？

这些文物是在喜马拉雅山峰的寺庙和舍利塔间约 1000 英亩的区域中找到的，比藏传佛教早几百年。它们是人类最早对佛的描绘之一，是佛教早期大规模传播的证明，最终它们向西传播到伊朗，向北传播到中亚直至日本。考古学家在当地发现了 50 英尺高的舍利塔、被半掩埋的 20 英尺高的佛像、还有一尊巨大的卧佛，这尊卧佛大得可以装满整个展厅。同时被发掘的，还有寺庙土墙壁上画的金色和青金石蓝色碎片。这些文物受到的威胁并不来自塔利班，而是来自整个国际社会。为了开采一个铜矿，梅斯·艾纳克地区可能即将被推平。法国考古代表团正与阿富汗人一起，试图在这个地方变成大坑前做一些尽可能的拯救工作。

梅斯·艾纳克虽然可能会消失，但我坚信喀布尔博物馆会存活下来。它饱受痛苦，因为它是一个深植于阿富汗的机构。自 1978 年就担任此职的馆长奥马尔·可汗·马苏迪（Omar Khan Masudi）博士穿着细条纹的西服。他甚至在内战期间都没有离开，那时一件阿富汗文物可以在白沙瓦卖到 10 万美元以上。他是少数几个知道巴克特里亚珍宝在哪里的人，那是在苏联入侵前不久于阿富汗北部发现的数量庞大的金饰，珍宝被藏了起来；他保守这个秘密长达 9 年，许多人都以为宝藏已经被盗。自美国入侵阿富汗以来，他又拒绝了新的诱惑：在一年中的大部分时间离开阿富汗，随着巡展前往欧洲，或者在常春藤大学获得研究员的职位。他耐心地面对国际机构的奉承、傲慢和困惑，努力改造阿富汗及其博物馆。我在旧金山和伦敦见过他，但是，不管我何时来到喀布尔，他都在那里，在博物馆展厅里慢悠悠地走来走去。

在马苏迪的办公室，桌子上放着一杯绿茶和一些坚果，我问他对梅斯·艾纳克即将面临的毁灭有何想法。他透过眼镜镜片回看向我，拒绝回答。阿富汗需要外国货币，而铜矿就是解决方案。外国人不会考虑炸毁威斯敏斯特教堂以获取锂或者损坏帕特农神庙以获取锡，却觉得如果能为阿富汗财政创造收入，破坏失落伟大文明之一的最后残存也是合理的。毕竟，这只是阿富汗：有什么关系呢？只有喀布尔博物馆，其空旷的展厅、静悄悄的展品和忠诚的员工，提醒我们关注更古老的价值观，一种对我们曾经共同拥有的过去的态度。

撰文 / 罗利·斯图尔特 *

阿富汗国家博物馆

阿富汗喀布尔达努尔·拉曼路

珍奇柜
皮特河博物馆，牛津

Cabinets of Wonder
Pitt Rivers Museum, Oxford

当你靠近毕德·里浮斯（Pitt Rivers）的那张桌子时，他们期待你这样提问："缩起来的头在哪儿？"这些头颅是明星展品——《哈利·波特》电影里面的一个场景就来源于此！但博物馆对此很敏感。当我们想拍照时，他们说："当然，什么都可以拍，但头颅不行。"毕竟，它们是人类身体的一部分。它们值得尊敬。所以，怀着尊敬，文章没有配照片，只有我的描述。

皮特河博物馆的一层是颇具吸引力、闪着微光的组合。展示柜有着类似"木偶""占卜工具""拨琴"（其数量多得令人震惊）以及——你正在寻找的那个——"如何对待死去的敌人"这样的标签。
展示柜是耶罗尼米斯·博斯[1]设计的水族箱，十几
个干缩头颅像鱼一样远离电线地漂浮着。一个有着
黑色的扫把头，就像生物工程科学家制作的披头士
纪念品；另一个鼻子里戳进了悬浮的把手，就像来
自魔多[2]的时尚配饰。他们的脸上表情分明。他们
的家人和朋友肯定能认出他们。

　　大部分头颅是由厄瓜多尔人和秘鲁人制作的。
直到 20 世纪 60 年代，舒阿拉人与阿丘尔人一直在
打仗，他们取下人头，将它们做成干缩头颅。这些
头颅并不是战利品。制作干缩头颅是一个死后的纳
取过程，死去敌人的灵魂会成为其征服者家庭的
一份子。一旦干缩头颅制成，头颅本身就没有价值
了：它已经完成了自己的"工作"。所以舒阿拉人
和阿丘尔人很乐意拿
它们去卖，于是它们
出现在这儿。这些头
颅特别流行，人们甚
至制作和交易赝品。
毕德·里浮斯自己捐

1　耶罗尼米斯·博斯（Hieronymus Bosch，1452－1516），荷兰画家。他的画作多在描绘罪恶与人类道德的沉沦，其中以恶魔、半人半兽甚至是机械的形象来表现人的邪恶。
2　魔多，《指环王》中黑暗魔君索伦的领地。

献的一个，就是用树懒头做成的。其他的可能是用从停尸间偷取的穷人的头颅制作的。我们知道这些，是因为它们不是用热带雨林的植物，而是用一张《基多时报》(Quito Times)填充的。

头颅的存在提出了问题，那就是伟大的人种学收藏到底是为了什么。这些装满各种珍宝的展柜是否能帮助我们更好地理解其他的文化，来揭示我们共同的人性？或者是满足我们对那些制作它们的怪异"其他人"的优越感？我第一次来到这里，绝对是被这种怪异所吸引的。那是20世纪80年代初期，当时我还是牛津的学生。我想打动一个女孩的心，提出带她去看干缩头颅。还带她看了展厅里的象牙雕套球，鬼斧神工的象牙球是用整块象牙雕刻而成的。球内套球，逐层镂空，层层都能转动。这样的展品很符合我的敏感气质。一个奇迹。难怪她会嫁给我。但是，当时整个牛津对我来说，都非常怪异。我的大一是在一种好战的眩晕中度过的。我不能相信：这座校园是如此美丽，并且我可以在其中走动。我找出牛津小镇神秘的路线，越过黑暗的四方形院子，穿越隐蔽的修道院，前往图书馆和与我无关的教职工楼，进一步走入迷宫，试试我的运气。然后，我找到了自然博物馆后面通往皮特河博物馆那扇小门。

现在，它的标志明确，人来人往。但那时，需要一些勇气，才能从自然博物馆明亮的展厅进入到皮特河博物馆的阴影中。一个隐藏的博物馆，塞在另一个博物馆里。里面还有更多需要勇气打开的门。展柜有抽屉：我是否可以打开它们？在角落里有一个被帘子盖起来的玻璃柜。我揭开帘子，发现了一件巨大的红黄色斗篷，那是 19 世纪 30 年代为夏威夷拉海纳的克卡罗基女王（Queen Kekauluoki）所做的羽毛斗篷，上面有几十万根细小的红色和黄色蜂鸟羽毛。这些羽毛由专业人士提供，人们拔下每只鸟的几根羽毛，再把它们放走。每根羽毛都要绑到位。这件羽毛斗篷是这样制作的最后几件斗篷之一。用来取羽毛的那种蜂鸟现在已经灭绝了。

就像一个象牙球套在另一个象牙球里，每个展览都包裹在一系列故事里。首先是一些关于如何制作的故事。有用旧硬币和从名叫坎皮（Campi）的盗贼的脖子上取下的一截绳子制成的警察护身符，坎皮于 1883 年在巴黎因谋杀罪而被吊死。在处死前的忏悔中，坎皮觉得自己沐浴在光辉之中，所以他的遗物也许拥有治疗的力量。伟大的哈伊达图腾柱是由阿尼斯拉斯（Aniithlas）酋长委托制作的，以庆祝收养了一个女儿。我想象那个小女孩站在酋长的"星星别墅"之外，新家庭的幽深历史透过杉木制成的乌鸦、熊和海狸的眼睛注视着她。

然后是关于这些东西如何来到这里的故事。有时标签会给出生动的暗示。斐济抹香鲸牙齿项链，约 1874 年到了卡尔弗特牧师手中，后来由其孙女捐献，以纪念她的儿子、空军少尉詹姆斯·利昂莱尔·卡尔弗特（James Lionel Carvert），他于 1939 年在一次战役中身亡。漂亮的贝宁牌匾是 1897 年英国远征军攫取的，那时贝宁城被夷为平地，其艺术珍品被盗，并被拍卖，以抵消战争所需成本。

博物馆中有两万件展品是由毕德·里浮斯自己捐献的。他出生于 1827 年，出生时名为奥古斯都·雷恩 - 福克斯（Augustus Lane-Fox），但是根据一份意想不到的巨额遗产继承条款，他更改了自己的名字，从英国近卫步兵第一团的军官成为一位拥有大师藏品的收藏者。在每个博物馆的中心，都隐藏着一个看不见但很重要的初心：把东西聚拢起来的原始想法。这些想法通常比文物本身更为奇怪和古老。毕德·里浮斯的想法极为复杂。尽管有匾额和干缩头颅，他还是倾向于不寻求掠夺和珍藏，而是找现世的东西。大部分 19 世纪的藏品讲述了种族和民族的故事：埃及人和希腊人，罗马人和维京人等。毕德·里浮斯按主题组织自己的藏品：钱、武器、马鞍、打猎等。那些干缩头颅旁边的陈列物包括一位爱尔兰战士的心脏（它用盐处理过，放在一个心形的铅盒中）、一个头盔和克伦威尔的头扎在长矛上的图像。欧洲塔罗牌与刚果占卜骨头、约克郡葬礼饼干[3] 以及中国亡者头冠共享同一展柜。

毕德·里浮斯并不是早期的文化相对论者。他是个热情的达尔文主义者。某些过度热情的基督徒过于追逐字面意义，而过度热情的达尔文主义者则容易过于隐喻——将进化的字面意思拿出来运用于文化。毕德·里浮斯将其藏品按"类别"

3　在英国一些地区，家属会在葬礼上向宾客发放包在纸中的饼干。

排列。他提出了"类型学"，显示日常物品如何像物种那样演化。当然，它们在某些地方比另一些地方演化得更快。"类型学，"他写道，"形成了演化之树，将引领的树苗与旁枝末节区别开来。自然主义者和类型学家的问题是相似的。"

他不那么热衷于证明西方的优越性，而是证明真正的进步是缓慢的，因此剧烈的政治变革有悖自然法则。他的类型序列是要求变革，而非革命的篇章。

今天，这些篇章已经听不见了，而收藏唱着一首不同的歌。令人印象深刻的是，不管我们在哪里停下——北极的砂石海滩或者热带雨林的一角——我们都被迫去创造。我们需要使东西美丽，就像我们需要使它们可以食用一样。在最遥远的阿拉斯加，有用海豹内脏制成的漂亮外套。在北美，有用海鹦尖嘴制成的响盒玩具——即使在沙漠和冰上，我们也想有音乐。

整个博物馆最打动人的物品是 1998 年从乌干达马辛迪区难民营收来的一个箱子：它里面有个空的杀虫剂罐，用铁丝和塑料喷嘴重新组装成了一架漂亮的黄色玩具飞机。即使在最悲惨的环境下，我们也梦想着飞行，我们与自己的孩子分享这一梦想。

撰文 / 弗兰克·科特雷尔 - 博伊斯

皮特河博物馆

英国牛津公园南路

石头上的绘画
硬石修复博物馆，佛罗伦萨

Painting in Stone
Museo Dell'Opificio Delle Pietre Dure, Florence

我在 17 岁时第一次来到佛罗伦萨，它永远地改变了我视觉世界的颜色。我来自一个满是绿色和灰色的国家，在约克郡古板的贵格会学校就读，那里只有令人无法理解的哥特式教堂通过肃穆的石头建筑耸入灰暗的英国天空。而佛罗伦萨是明亮的、爽朗的、轻松的，它的教堂多姿多彩。这令我吃惊，就好像我们从未学习过建筑一样。我从没有看到任何类似这些建筑面的东西，它们有细嫩的粉色、白色、绿色和灰色，它们有条状、纹状和大理石麦芽糖式的扭转，它们的修道院里种着柏树和橙子树。我独自坐着二等卧铺穿过阿尔卑斯山，穿过一个阴暗的隧道进入阳光照射的色彩天堂。我走不稳，像一个时间旅行者，进入到文艺复兴时代。

从那时起，我发现佛罗伦萨也有其黯淡的一面，它的一些街道是阴暗的陡峭峡谷。阿尔法尼街是严峻的，有着满是栅栏和百叶窗的高楼、垃圾桶、脚手架和涂鸦，还有一些小商店卖电子零件和彩色冰淇淋，这里还有佛罗伦萨最有趣、最不为人知的博物馆。如果你从大教堂走上塞尔维街到安农齐亚塔广场，那里有詹波隆那[1]雕刻的斐迪南一世（Ferdinand I de' Medici）在他的马上盯着你，你穿过狭窄的阿尔法尼街，看向你的左边，看到的就是硬石修复博物馆沉闷的建筑面，无精打采的意大利和欧盟旗帜从楼上垂下来，这里也是美第奇工作室（斐迪南一世于 1588 年创立）的所在地。你也许还能看见附近的佛罗伦萨美术馆，人们在路上排着长队等着参观米开朗基罗的《大卫》（David），但是你不需要在工作室的珍宝馆前排队。你可以在这个过分拥挤的城市带着一种私有的优越感，来逛这座博物馆。

[1] 詹波隆那（Giambologna，1529—1608），文艺复兴后期雕塑家，以大理石雕刻和青铜雕刻闻名。

许多观光者被维琪奥桥[2]上的珠宝店和精品店里的奢侈品手袋所吸引。一种对于模板、装饰和镶嵌的追求植根于佛罗伦萨精神，在小装饰画和巨型大理石地板上，在绘画、纺织和祭坛装饰上兴盛起来。"石头绘画"艺术是这种追求的奇特形式，它的历史在博物馆中得到了良好的呈现和记录。在一楼闲逛，来自18和19世纪华丽的紫色和黑色大理石桌面会令你眩晕，它们装饰有半宝石的花卉、蝴蝶、乐器、有着奇特羽毛的鸟类、贝壳和鱼，还有极为真实的珍珠。颜色极为奇妙和纯净——丝带或花朵的蓝色，珊瑚或石榴浓烈而生动的红色，李子花般柔软的灰紫色，成熟梨子的黄褐色斑点那么温柔，你甚至想要咬它——但它们是石头，是被神奇打磨和抛光后的石头。

很容易了解为什么托斯卡纳的第一批大公们喜欢色彩丰富的艺术品，因为它们象征着财富、地位和永恒。洛伦佐·德·美第奇（Lorenzo de' Medici），也被称为"伟大的洛

2 维琪奥桥是意大利佛罗伦萨市内一座中世纪建造的石拱桥，桥上有许多珠宝店和旅游纪念品商店。这座桥也是意大利现存最古老的石造封闭拱肩圆弧拱桥。

伦佐"，喜欢红色的埃及斑岩，因为据说它代表着皇室的荣耀和权力。他那博学而偏执的继承者弗兰西斯科（Francesco），是斐迪南工作室创始人的兄弟，喜欢半宝石的明亮和精致切割。文艺复兴科学赋予这些宝石"炼金术"和"魔力"的属性，但工作室仍然追求重新被发现的古老模型。工作室专门研究一种被称为砖块饰面的古老技术在佛罗伦萨的发展，它是一种马赛克，但不是由几千个独立可辨的小多边形构成的，而是由大理石、瓷砖或是切成各种形状的石头组成的几何或人物模型，就像一幅巨大的拼图一样。这些精致的硬石设计多被用于装饰：装点壁柜，或是制作桌面、棋盘、首饰盒、棺材，以及用作墙壁绘画。它们代表了一种对古董的爱，植根于对丰富模式、真实表达和对自然完美模拟的渴望之中。

工匠们的技术是超级卓越的。在那些最好的展品中，你找不到接缝，在博物馆后面的修复工作室，学生们仍在学习如何创造完美的错觉。错视画是美好的，但也是令人困惑的。越凝视石头的中心，秘密就显得更深。为什么这一变化如此迷人？

为什么我们如此诧异地看着一片玛瑙，它那么像一片有云的天，或一条流动的河，或者一个女孩的面颊？哪一个更让我们高兴，是桃子或梨虚拟的柔软，还是石榴的对称？硬石设计者们喜欢石榴——它们是自然自己创造的马赛克，那些发亮的红色种子似乎在请求被变成石头。

博物馆馆长克莱丽斯·英诺桑提（Clarice Innocenti）说，为了展示他们的技能，艺术家们会为自己设置最为艰难的任务。在 18 世纪，对美丽风景的追求产生了一些精致的马赛克装饰画，如博物馆收藏的那些小型但细腻的罗马帕特农风景，它是用玉髓和木化石制作的。博物馆还有一版著名的亚壁古道 3 上西西利亚·梅特拉 4 之墓的风景，深受歌德喜爱（另一个版本在 V&A 博物馆的吉尔伯特收藏馆）。这是一个由金匠大师路易斯·西里斯（Louis Siries）向斐迪南三世建议的主题，以装饰

3　亚壁古道是古罗马时期一条把罗马与意大利东南部阿普利亚的港口布林迪西连接起来的道路。

4　西西利亚·梅特拉（Cecilia Metella，公元前 70—前 44 年），是马库斯·李锡尼·克拉苏（Marcus Licinius Crassus）的妻子。克拉苏是罗马将军、政治家，在罗马由共和国转变为帝国的过程之中，扮演了重要角色。她的墓是罗马郊外的著名景点。

宏大的彼提宫：他认为，建筑"是可以"在硬石中"得到最为完美呈现的主题"的。加上一些农民、两头牛和一只羊，时间和风景层次感叠加，你就拥有了愉快的古老乡村图景。

石头绘画被叶芝描述为"展现'什么是困难'的魅力之作"。博物馆有自己的高等教育学院，在工作室我遇到了两位明星毕业生，一位是严谨细致的年轻马赛克设计师莎拉·加杜奇（Sara Guarducci），另一位是热情洋溢的珠宝设计师保罗·贝鲁佐（Paolo Belluzzo）。他们向我展现了切割和组装石头的技能。他们是艺术家，使古老的手工艺得以生生不息，莎拉向我骄傲地展示了她修复和创作的作品。对于昂贵的材料，比如青金石、玛瑙、玉髓和碧玉，你不能犯错——大理石更软，更容易操作。莎拉有着深色的头发，穿着白色外套，使用一把栗木作弓、细钢丝作弦的圆锯，切割置于老虎钳上的一片薄石材。她用研磨膏切割小模板（花瓣、脚、云朵）的边缘，以打造石头的形状，随着时间的流逝，它将成为一幅拼接图像的一部分。这正是 18 世纪用红木细片切割最早的木制拼图的方法。

工作室还以学术的态度修复罗马马赛克和文艺复兴雕像。破碎散落的古物在那里找到它们的位置，被完美地复原。目前正在进行的项目包括米开朗基罗的一座雕像，它属于塞维利亚公爵，在西班牙内战中被炸成碎片，还有一个包括海上仙女的马赛克罗马喷泉。在院子里躺着几箱岩石，它们是沉闷、隐藏的宝石，等待被切割。给它们抛光的机器就像一台火腿切割机。抛光机抓住一片矿物，缓慢地揭开它还没有被人看到的美丽。

回到博物馆，我探索了楼上的展厅，你可以看到古老的木质机器，与莎拉·加杜奇还在操作的那些相似。这儿还有一些展柜和壁柜，里面装着各种各样的矿物，有着令人惊叹的颜色范围，它们的构造暗示着山峦、海洋、树叶、塔楼、宫殿，甚至是摩天大厦。碧玉、玉髓、有着贝壳化石的贝壳大理石、珍珠母、石灰华、绿云大理岩——光是名字就充满诗意。这儿还有来自沃尔泰拉、果亚和撒丁岛的玛瑙，来自埃及和英国的花岗岩，来自波斯和西伯利亚的青金石。一种条纹河石来自佛罗伦萨阿诺河，颇能引起奇怪的联想，它在展示像但丁的《神曲》里的情景时颇为有用。

石头的选择在诠释设计时是最为重要的，它解释了为什么最后的作品比原来的绘画更为逼真和鲜活。英诺桑提博士在等待一组电视台拍摄人员时，热心地带我四处参观，她对于作品和绘画的不同大加解释，而新的官方手册（比我多年前拿到的奇怪版本有所改善）说得很好："用笔刷小心控制的颜色，其实是自然幻想的果实；而使用硬质材料时，只有制作者非常小心，才会呈现细腻的质感和柔和的形态……"

正是这种转换的魔力使我再次回到这里。美第奇手工艺者们把石头变得不仅仅是它们本身，使我们一窥宇宙的古老时刻，那时无机生物强行将自己转化为有机生物，迸发出丰富多彩的激烈形态。

这个博物馆讲述了19世纪的堕落，那时奢侈品市场在意大利战争的压力下崩溃。工作室精致的作品未能售出，只能在这里找到它们最终安息的地方。在最后一个房间的人工花卉中，展示了被放弃的作品，这让人心酸。它们抓住了时代的终结，在一张黑色的大理石桌上，展示着一朵白色山茶花、一条项链和一个戒指，这是一个凝固的时刻。

在佛罗伦萨更古老的一些精品店中，你可以发现硬石画的小块墙壁饰板复制品，但它们并不便宜。博物馆导览手册上身着橙黄色衣服的妇女的复制品，售价达 900 欧元。相比之下，还是明信片的性价比更高，我已经收藏了阿里奥斯托[5]绘制的风景、像孩子画的 17 世纪的农村风景、贝壳、长春花和鹦鹉。图像复制得很漂亮。明信片上的一朵黄色硬石玫瑰，对于我来说就是珍宝了。

撰文 / 玛格丽特·德拉布尔[*]

硬石修复博物馆

意大利佛罗伦萨阿尔法尼街 78 号

5　阿里奥斯托（Ariosto，1474—1533），意大利文艺复兴时期诗人，代表作为《疯狂的罗兰》（Orlando Furioso）。

城市里的圣地
弗里克收藏博物馆，纽约

Sanctum in the City
The Frick Collection, New York

纽约构成了我大部分的重要生活选择。我成年后第一次认真谈恋爱是和一个纽约人；我最亲密的朋友是纽约人；我的生意伙伴是纽约人。我也许永远也不会成为纽约人，但如果"家"是人们最放松的地方，当我从宾夕法尼亚车站[1]走出来时，我松了一口气，似乎暗示着这绝不仅仅是解脱。

　　这并不神秘。首先，本地人交流的方式是我喜欢的——礼貌、快速，有一些过度了的讽刺感。讽刺是这里的一整套方言，在其中你仍然可以有趣、感动、开放、大方和真诚。第二，由于我

<hr>

[1]　宾夕法尼亚车站是位于美国纽约市曼哈顿中城的地铁车站。

几乎没有内在生活，我在休息时的状态是极为无聊的，而纽约是我知道的最不无聊的地方。

纽约的伟大秘密——或者说，不能公开宣布的真相——在于它是你梦中的欧洲首都。老天知道，这里不是真正的美国。我一直对那些前来参观，计划每天要做五件事的朋友很不解——他们要去一个美术馆、到凯兹熟食店、看一场秀——他们没有抓住重点。这个城市就是一场秀。比如，从建筑上来说，它野蛮的电网只凸显了它不合理的、有原则的、过分的多样性。没有两栋相邻的建筑是一样的；没有一栋建筑能像弗里克收藏博物馆那样展示美丽与疯狂，它在 70 号街和第五大道的角落里，用一块令人咋舌的石灰岩占据了一整个街区。我时常漫不经心地就走到这里，有时是直觉，有时是被设计吸引。还有其他的原因，不是艺术使它变成朝圣场所。每个没固定工作的怪胎都会告诉你，蝙蝠侠的哥谭市[2] 是"11 月最冷的午夜后 11 分时位于 14 街下的曼哈顿"，但更

鲜为人知的是，位于"第五大道"890 号的

2　哥谭市是一个虚拟城市，是漫画《蝙蝠侠》的背景地点。

复仇者大厦就是弗里克收藏博物馆：它的地址与东70 街 1 号的地址是同一个。

亨利·克雷·弗里克（Henry Clay Frick，1849—1919）是相当可怕的一个人。他从焦炭业发家——不是现在上西城³半数的对冲基金所有者承保的那一个，而是黑色材料——在 30 岁前就挣到了第一个一百万。他投资铁路，成为安德鲁·卡耐基⁴的商业伙伴，很快就变得超级富有。但即使是在弗里克音乐室播放的电影，也不能不提到他那诸多的丢人事件，这些事件使他有了毫无节操且冷酷无情的名声。电影聪明地回避了他对约翰斯敦洪水的反应，那时一个为弗里克、卡耐基以及其他密友错误设计的钓鱼湖泊决堤，淹没了下面的山谷，导致几千人死亡。尽管他给了一些象征性的赔偿，但弗里克挫败了一切使南福克钓鱼和打猎俱乐部承担责任的努力——受害者没能获得赔偿金，这直接导致美国更改了相关法律。但是电影确实提到他破坏了 1892

3　上西城是美国纽约市曼哈顿的一片街区，介于中央公园与哈德逊河之间，被认为是纽约的文化和知识分子中心，与上东城一起被认为是纽约最富裕的地区。
4　安德鲁·卡耐基（Andrew Carnegie，1835—1919），20 世纪初的世界钢铁大王。

年霍姆斯特德钢厂的罢工。这场罢工以一些钢厂工人的死亡告终——不久后，就有一场针对弗里克的暗杀行动。

弗里克最终离开匹兹堡前往纽约，最初住在第五大道的范德堡大厦。范德堡并不是因为其内部装饰的精致而出名的，伊迪丝·华顿[5]甚至称它"充满了某种温泉关[6]一样的恶品位"；但不管弗里克有什么错，恶品位绝不是其中之一。他最开始是一个现代艺术收藏家，然后将注意力转到了古典大师身上，在到达纽约时已经聚集了许多世界级的收藏品。可能是被其临时住所的过度雕琢进一步刺激，他想要一座风格简洁、对比强烈的新古典主义大厦来最好地展示自己收藏的艺术品。纽约公共图书馆的建筑师托马斯·黑斯廷斯（Thomas Hastings）接受委托来设计并建造这座大厦，最后的结果看上去令人吃惊，就像是用一块巨大的

5. 伊迪丝·华顿（Edith Wharton, 1862—1937），美国女作家，作品《纯真年代》（*Age of Innocence*, 1921）曾获普利策奖。她曾三次获得诺贝尔文学奖的提名。

6. 温泉关（Thermopylae），意为"热的入口""炽热的门户"，是希腊一个狭窄的沿海通道中存在的渡河关口。传说它是通往地底之门的入口。

粗糙岩石凿出来的一个小小的佩特拉[7]古城，位于70和71街曾经的交界处。据说弗里克希望"使卡耐基的地方看起来像是一个矿工的棚屋"，他做到了。

弗里克仅在去世前的几年里居住在那里，他一直想把收藏公之于众。我想这是他对自己无节制贪婪生活的一种赎罪补偿，但谁知道他究竟想的是什么呢？

从街上闲逛入内——街上满是警报、喊叫，汽车鸣笛而非刹车——你发现这栋建筑相当于一对除噪的博士耳机。这个地方是如此安静，如此喧闹的城市中怎么会开凿出一个这么安静的地方？有几个解释。最关键的是，没有孩子。我喜欢孩子——特别是我的孩子——但是他们会破坏。10岁以下的孩子是不能进弗里克收藏博物馆的。

第二个保持安静的东西，是参观者自己如苦修士般的沉默：被这座博物馆吸引的人不希望自己的专注被打扰，因此也不会去打扰别人。第三个是朴素的、旧式的敬畏。弗里克的收

7 佩特拉（Petra）是约旦的一座古城，位于安曼南250公里处，隐藏在阿拉伯谷东侧的一条狭窄的峡谷内。佩特拉几乎是全在岩石上雕凿而成，而这个词就源于希腊文"岩石"。

藏令人吃惊，因为这里没有意外；它的收藏几乎都是那些参观者非常熟悉的东西。唯一的意外是它们居然都在这里。这里空间布局合理、呼吸自由，在有完美经典规模的整齐房间里，除了极好的品位外，几乎没有其他组织规则。

我第一次来这里大约是 23 年前。那时我与一个布鲁克林女孩住在布莱顿，我们当时的爱意仍然在相互竞争着想打动对方的阶段。我向她展示苏格兰高地；她向我展示布鲁克林大桥。我带她去爱丁堡的王子街花园；她带我到弗里克收藏博物馆，她赢了。而这些天里，我到这里来，是为了几张偏爱的绘画作品，并有意使用最绕路的方式走向它们。这包括在美丽的花园庭院漫无目的地逛半小时，那里有大理石、绿色植物和喷泉；它曾是个开放的庭院，在弗里克去世后被遮盖了起来。它完成得太过没有痕迹，很难相信它不是原来房子的一部分。我觉得任何人看到它，都会觉得它是来世景象的一部分。

我参观的那天，还有一个雷诺阿的展览，所以我先去看了展览。为什么所有人都喜欢雷诺阿？每

一块画布都像一个 10 英寸的饼干盒。我在柯罗[8]的
《湖泊》（*The Lake*）中找到了一丝慰藉。那是非常
棒的作品，也是一针镇定剂，我不断地回去看它，
不知道是出于什么原因。它是一幅黄褐色的油画，
光线是朦胧的、模糊的、厚重的、浸透的、炼狱般
的。牛看起来困惑而迷失。它让我想起自己的失
意，而现在我基本已经没有了这种失意。也许我喜
欢它，是因为我知道我可以忘掉它。我走向弗拉戈
纳尔[9]展厅，我相信如果这里也不能让我兴奋起来，
那就没什么可以了。

弗拉戈纳尔展厅最清晰地证明了这是一栋建造时
就颇具艺术感的房子。客厅的设计被改造成展示《爱
的进步》（*Progress of Love*）的一系列奇妙的、可笑的
面板。在不太可能出现的洛可可世外桃源背景下，有
一整套绑着缎带的、戴假发的、涂香脂的、傻老头一
般的愚人勺子和消遣用品。在丘比特雕像下面，一位妇女在神奇的幻想中昏厥，翻着白眼。如果是班克

8　柯罗（Corot，1796—1875），法国著名的巴比松派画家，也被誉为 19 世纪最出色的抒情风景画家。

9　弗拉戈纳尔（Fragonard，1732—1806），法国洛可可时代最后一位重要代表画家。他的画基本以奢侈、享乐、情欲为主题。

斯[10]，可能还会在她的胳膊上加上垂下来的注射针头。你觉得自己很想保护这些形象。他们代表着某种形式的天堂，尽管我们不想成为他们中的一个。

然后，像一个老朋友，我看见了康斯太勃尔[11]的《从主教花园望见的索尔兹伯里大教堂》（*Salisbury Cathedral from the Bishop's Grounds*）。这幅作品没有 V&A 博物馆收藏那一版里笼罩着的丑陋的云，我同意主教约翰·弗舍（John Fisher）的看法，他认为这一处理手法是巨大的改进。由于即将到来的风暴，树有一种诡异的光线不足感，使苍白的教堂及其无际的尖塔有一种完美的耀眼和直接的神秘感。在房间的另一侧，我一直觉得自己是在接近一幅塞缪尔·帕默[12]的作品。随着你进一步的观察，作品似乎以一种分形的方式在你眼前呈现越来越多的自然细节：这仍是古老的、狂野的、成长着的英国乡村，能够自然地创造生命。在

10　班克斯（Banksy，1974—　）是一位匿名的英国涂鸦艺术家、社会运动活跃分子、电影导演及画家。

11　康斯太勃尔（Constable，1776—1837），英国皇家美术学院院士，19 世纪英国最伟大的风景画家，代表作包括《干草车》（*The Hey Wain*）。

12　塞缪尔·帕默（Samuel Palmer，1805—1881），英国风景画家、蚀刻和版画家，也是一位多产的作家。

这幅作品中，康斯太勃尔的绘画速度要比第一幅更快，强化了这种效果，所以在他更快速的速描细节中，其水彩画中所拥有的自然印象主义非常明显。一头牛画得就像一片玻璃一样，透过它仍然能够看到草。它看起来更像一头牛。

弗里克收藏博物馆里还有我最不喜欢以及第二喜欢的维米尔[13]作品——我最喜欢的是《镶边工》（*The Lacemaker*），我最近在菲茨威廉博物馆[14]见过它，那个房间里观众熙来攘往，以至于有人拿望远镜来欣赏它。我最不喜欢的是《酒鬼把折叠的伦敦地铁地图给一个穿着女装的男人》（*Bum Handing a Folded Map of the London Underground to Man in Drag*），也叫《女主人和女仆》（*Mistress and Maid*）。那是弗里克购买的最后一幅作品，也是他最喜欢的作品之一。也许我只是试图有些不同意见。但是至少对于我来说，两位女性的表情都是如此明了，不值得深思。我把所有问题问了自己一遍。它是一封来自情人的口信？仆人知道多

13 维米尔（Vermeer，1632—1675），荷兰黄金时代画家，最著名的作品是《戴珍珠耳环的少女》。
14 菲茨威廉博物馆，剑桥大学的艺术和考古博物馆。

少？女主人把手放在下巴上的姿势意味着什么？谁知道？谁在乎？

《官员和笑着的女孩》（*Officer and Laughing Girl*）则是我想藏在外套里带走的一幅画。这怎么可能不是现在？从来没有一个人看起来像这样被取悦、被吸引。就像他所讲的无稽之谈，官员在前景中显得太大。有人认为，这也许是维米尔运用照相机暗箱时发生的扭曲，但是天啊，它确实有用。每样东西在画面中都栩栩如生。即使是窗棂切割的凹口上积聚的光线也在呼喊："今天！"墙上那幅颠倒、极为失真的荷兰地图提醒我们，每样东西都在变化，但其实什么也没变。

如果在你看到他们之前，就感觉到一些艺术家的存在，是否有些奇怪？弗里克是个喜欢强烈个性的人。当《奥松维尔伯爵夫人》（*Comtesse d'Haussonville*）在脖子后面凝视着你时，你知道了安格尔[15]，通过传福音者约翰那双魁魈般巨大坚实的

15　安格尔（Ingres, 1780—1867），法国画家，新古典主义画派的最后一位领导人。他的画风线条工整、轮廓确切、色彩明晰、构图严谨，对后来许多画家如德加、雷诺阿、甚至毕加索都有影响。最著名的作品为《泉》（*The Source*）。

脚，你认识了皮耶罗·德拉·弗朗切斯卡 [16]，通过眼
角余光看到的他们的焦点光芒，你认识了特纳 [17] 一
家人。但是有一幅作品似乎是用奇怪的磁场，提醒
我不断回到这里的真正原因：贝利尼 [18] 的《圣弗朗
西斯在沙漠》（*St Francis in the Desert*）。然后我想起
了不断回来看贝利尼的原因。

　　迈克尔·多纳吉 [19] 是一个可怜的来自布朗克斯
的爱尔兰男孩，如果父母离婚的话，对他的伤害可
能会少一些。但是，正如他名字的来源杰克·多纳
尼（Jack Donaghy）在《我为喜剧狂》（*30 Rock*）里说的那样："爱尔兰人终身只有一位配偶。就像天鹅。像喝醉的、愤怒的天鹅。"对他充满爱意和暴力的培养使迈克尔成为一个神经质的、飘忽的、无限甜蜜的人，太过敏

16　皮耶罗·德拉·弗朗切斯卡（Piero della Francesca，？—1492），意大利文艺复兴早期画家。他写了大量关于数学和透视法的文章，精准的线性透视法是其作品的主要特色。他的许多作品都是花大量时间完成的，背景刻画十分细致，光线清晰，空间距离感得到适当强调，构图匀称，对当时的绘画有革命性的影响。
17　特纳（Turner，1775—1851），英国浪漫主义风景画家，水彩画家和版画家，他的作品对后期的印象派绘画发展有相当大的影响。
18　乔瓦尼·贝利尼（Giovanni Bellini，1430—1516），文艺复兴时期的欧洲艺术家。
19　迈克尔·多纳吉（Michael Donaghy，1954—2004），纽约诗人，音乐家。

感，无法接受这个满是伤痕的星球。他是一个博学的人，阅读一切，且无法忘记任何东西。他沉迷于书籍，经历过一个阶段，不能直视自己的梦，但尝试着去解读自己的梦。据说他参加了一个叫布朗克斯语言学家的团体，从一个叫斯克瓦的人那里购买了毒品。他编造了许多东西。他还是那个时代最好的诗人之一。我深爱他，得知他去世的消息时，就像失去了一个兄弟。

迈克尔的头脑里充满了各种撞来撞去的门。弗里克没有门的沉默，为迈克尔创造了一个避难所。作为一个专注的意大利文艺复兴的学生，他的诗歌里到处提到或隐喻大师。《圣弗朗西斯在沙漠》是他最喜欢的画作，他会几个小时发呆似的站在它面前。

要站在贝利尼作品前一个小时确实不太容易，奇迹是你仍然可以真正做到这一点，在纽约，午饭时间，基本没有人来打扰。你很快注意到，画里的每样东西，都转向幕后的辉煌。吊桥、远处的角楼、弗朗西斯桌上的骷髅，甚至是缓慢而又呆滞的驴：全部都被无助地拉向看不到的来源。我在 20 年前将它用作我的电脑桌面——那是一个可以点击的版本，比如点击圣弗朗西斯的脚，就会打开 Word，诸如此类。我的本能仍是点击他的拖鞋，来查看我的 Email。

弗朗西斯向前的、臂膀张开的姿势非常像埃里克·坎通纳[20]——他在荣耀里既骄傲又谦卑，既接受亦给予。他使我明白了里尔克（Rilke）为何将我们称之为"接受者"：对于言词，我们是积极的倾听者而非被动的接受者，我们是甚大天线阵[21]而非随身听。半小时后，我从多纳吉的阴影走出来，将他留在那儿，最后接收到一个纯洁的没有响声的信号，有幸没有被安检人员发现。我回到喧闹的第五大道，心中释然，因为我仍然知道到哪里去找他。

撰文 / 唐·帕特森*

弗里克收藏博物馆
美国纽约 70 街东 1 号
邮编：NY10021

20 埃里克·坎通纳（Eric Cantona），法国足球运动员，因效力于曼联时有惊人的表现而被称为"老特拉福德大帝"或"简大帝"。
21 甚大天线阵是由 27 台 25 米口径的天线组成的射电望远镜阵列，位于美国新墨西哥州的圣阿古斯丁平原上，海拔 2124 米，是世界上最大的综合孔径射电望远镜。

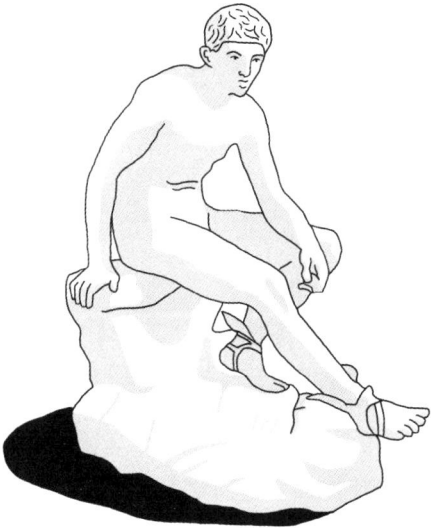

卡普里之翼
圣米歇尔别墅，卡普里

The Wings of Capri
Villa San Michele, Capri

2011 年初，我站在卡普里[1]圣米歇尔别墅的雕像回廊里，不仅面对面地看到了神，还戳了神的眼睛。更好的是：我清洗了神的眼睛。我在一尊俯身看我的墨丘利[2]绿铜头颅下前倾——他的头边有一只展开的翅膀——清除了他空洞眼眶里的一小片蜘蛛网。

然后我走回去，在我的笔记本上写道："这也许是世界上少数几座能让你在展品前觉得自己是个人的博物馆之一。"然后，我意

1 卡普里，意大利那不勒斯湾南部的一个小岛，自从罗马共和国时代以来就以风景秀丽闻名，是著名的旅游胜地。
2 墨丘利是罗马神话中为众神传递信息的使者，与之相对应的是希腊神话的赫耳墨斯。

识到自己正靠着的桌子也是展品之一，是我实际上阅读过、了解过它的故事的桌子。它的表面是多彩大理石漂亮拼接的一块板子，西西里洗衣妇几十年甚至几百年来一直用它来作洗衣板。19 世纪末的一天，修建这栋房子的阿克塞尔·蒙德 3 看到妇女们正在洗衣服。下一次他经过时，带着一块 20 世纪之交的崭新洗衣板，从马车里跳出来，换了这块板子。妇女们很高兴。

现在，100 多年后，我正倚靠着它，没有人提醒我不要倚靠。这个桌子的故事是真实的吗？蒙德关于其别墅内容历史的许多故事，我们可以说，有一点令人怀疑。比如那个正在看着我的墨丘利的头。它是蜘蛛正在食用的无价值垃圾，还是真的非常老的物件？

这并不重要——或者，这并不是重要的东西。我在卡普里的高处，它高耸的岩壁从海面升起，形成云层和峭壁舞蹈式的组合，忽隐忽现，延绵不绝。这一秒你可以看到，下一秒就看不到了。卡普里可以让

3　阿克塞尔·蒙德（Axel Munthe，1857—1949），生于瑞典，医生，著有《圣米歇尔的故事》（*The story of San Michele*，1929）。

你拥有不同的视角。1885 年，蒙德在他的旅行日记里称卡普里为"做着梦的狮身人面像"；这也是诗人们对卡普里的称呼，叫它"古旧的石棺"。石棺？那所有这些光线，这些绿色、空气和生命算什么？这是我去过的最美的地方，海天一体，形成巨幅蓝色，甚至连乔托都无法描绘：它怎么会是古老的石棺？

蒙德是位医生，他在非常年轻的时候因为肺病而来到这个明亮的小岛，那是 1876 年，他 19 岁。所以死亡并不仅仅是一个概念，它在蒙德所著的《圣米歇尔的故事》中是一个人物，名字是大写的 D。这本回忆录迷人、暴躁、丰富、疯狂、有趣，被翻译成约 40 种语言，售出 2500 万本。它使蒙德和他的别墅声名遐迩，尽管它冗长杂乱，其内容并不全是真的，更多的是蒙德年轻时在巴黎和罗马当大夫和心理医生的故事，而关于这个地方、这所老房子以及蒂贝里安别墅原址上已毁教堂的内容较少。蒙德于 1895 年从当地的一位木匠那里购得这座房子，并将它打造成圣米歇尔别墅。它位于悬崖边，从这里看那不勒斯湾、索伦托和维苏威火山，美得炫目。

蒙德想使他的家"有阳光和风，听得到海洋的声音，就像一个希腊神庙，每个地方都是光、光、光"。但是他患有眼疾；在他居住在卡普里的 40 年里，那里的明亮对于他来说，其实是一种折磨。所以他定制了颜色更深的眼镜，买下一座阴暗的老塔，在圣米歇尔变得无法承受时，就去那儿。

> 整个花园有几千块抛光石板——构成了大凉廊、教堂和一些台阶的路面。一个形状精致的破碎玛瑙杯、一些破碎和未破碎的古希腊花瓶、无数罗马雕像的碎片……——呈现——当我们在通往教堂的小道两边种植柏树时，发现了一个埋了男性骨架的坟墓，他口中含有一枚古希腊硬币。骨头仍留在我们发现它们的地方，头骨则躺在我的写字台上。

他的书厚颜无耻、轻率杂乱，混合着傲慢与谦逊，将北方魔幻现实主义倒置于炎热的南方，全是迷梦、荒诞、喋喋不休的鬼神。它写于两次世界大战之间，在"事实和想象间危险的真空地带"选择道路，以花朵和美丽少女开篇，以对歌曲和鸟的翅膀的礼赞结束。从始至终，它展现了蒙德的性格，以及他一直以来捏造事实的倾向。他发誓，是用眼睛，而不是建筑师来建造别墅的——这不是真的：房子的相关文件里就有建筑师们的草图。他说他梦见一位吹排箫的牧羊人，跟随着他才发现了花园最远端眺望大海的花岗岩大狮身人面像。但其实房子的相关文件里有该狮身人面像的收据，它来自一位那不勒斯古董商。正如他在开篇后不久说的，"我并不要求被相信"。

蒙德让人难以置信，超越生命，把生活打造得超出其意义本身，他是那种愿意买下一座山，只为了在山上设圈套捕鸟的人。卡普里是世界候鸟的休息点，几个世纪以来，圣米歇尔别墅之上的山峰一直都是捕捉鹌鹑和猎杀鸟兽的中心，多亏了喜欢动物、尊敬鸟类的蒙德，现在它已成为一个重要的鸟类圣殿。他善于操纵潜藏的财富，当霍乱和斑疹伤寒在贫困人群中暴发时，他也去当志愿者。他是当地人喜欢的外国人，与他最知名的病人——后来成为瑞典女王的王储维多利亚——超越了医患之间应有的亲密。他自恃自己是富人和名人，不收贫者的诊疗费，却乐意接受一只酗酒的成年狒狒作为报酬。

多年来，这座别墅及其古怪的"挖掘"或"发现"的古罗马和古希腊手工艺品，混合着皇室和当地的各种东西：狗、猫、鸡、嗜酒猴子、定居的猫鼬，已成为一个时尚的朝圣之地。亨利·詹姆斯[4]称它是"我所见过的最奇妙的美丽、诗歌和无益之物的集合"。奥斯卡·王尔德出狱不久来过这里——蒙德是欧洲少数几个善待他的人。里尔克来过。出了名孤僻的嘉宝主动要求来此访问，蒙德写道，她"令人意外地友善"。历史自己通过其所有现代的化身来过，斯蒂芬·茨威格向蒙德咨询过自杀的最好方式，而赫尔曼·戈林问过他购买别墅一事，但蒙德礼貌地拒绝了。1949年蒙德去世时，他将别墅、花园和后面的山留给了瑞典政府。现在，在卡普里，这个辉煌的博物馆、鸟类圣殿和巨大的室外音乐会场馆，是许多工作室近乎天堂的领

4 亨利·詹姆斯（Henry James, 1843—1916），美国小说家，是20世纪小说的意识流写作技巧的先驱，代表作包括《一个美国人》《一位女士的画像》《鸽翼》《使节》和《金碗》等。

地，并为瑞典艺术家提供各种资助。

我第一次来这里是在 1995 年 11 月；那时我刚在某个短篇小说比赛中赢得了一些奖金，正想着可以写点关于庞贝的东西——后来这成为我的第一部小说——便和我的伙伴一起来参观遗迹，看看火山口。一天突发奇想，我们搭乘了从索伦托到卡普里的渡轮，格雷西·菲尔兹[5] 和格雷厄姆·格林[6] 都曾在卡普里住过，这基本就是我对这个地方的全部了解。我们到达卡普里的码头马里纳·格兰德（Marina Grande），它很小，摇摇欲坠。有一条火车索道直通山边，于是我们上了火车。然后，我们搭乘一辆公共汽车，沿着窄得不适合公共汽车行驶的小路向上，在一个白色的小村庄广场下车。我们凭直觉沿着一条两边都是商店的路向前走，来到一座颇具摩尔风格的建筑前。走进建筑——这一年居然正好是蒙德从木匠马斯特·文森佐（Master Vincenzo）那里买下这片土地后

[5] 格雷西·菲尔兹（Gracie Fields, 1898—1979），英国演员和歌手。
[6] 格雷厄姆·格林（Graham Greene, 1904—1991），英国作家、编剧、文学评论家。1932 年，以《斯坦布尔列车》成名，于 1950 年第一次获得诺贝尔奖提名，一生获得 21 次提名。代表作包括《安静的美国人》《恋情的终结》等。

的整 100 年。

我记得那时就被它所吸引，并爱上了它。现在，16 年后，我第一次回到这里。天气是温暖的，介于春夏之间，如果不能说我变得更智慧的话，至少我是更成熟了，我知道自己要去哪里，有可能看到什么：一两个狮身人面像、一座漂亮的花园、一栋满是碎片的房子，以及真正优美的风景。这是作家布鲁斯·查特文[7]将其廉价的华美比作帕萨迪纳[8]和比弗利山[9]的地方；查特文认为，这是富人们声色犬马的地方。

但是在我之外有些事情已经发生了。从那不勒斯到卡普里的渡轮旅程让我觉得胸怀更加开阔。实际上，我根本没注意到渡轮是密封的。

现在，在整栋原始古老房子的每个地方，我都能看见带着翅膀的东西，一个接一个的墨丘利，不只是墨丘利，还有长翅

7　布鲁斯·查特文（Bruce Chatwin, 1940—1989），英国旅行作家、小说家、记者，代表作包括《在黑山上》等，曾被《时代》周刊评为"1945 年来最优秀的 50 位英国作家之一"。

8　帕萨迪纳，洛杉矶的卫星城市，离洛杉矶市中心 13 公里左右，美剧《生活大爆炸》的主角们就生活在这里。

9　比弗利山，位于美国洛杉矶，有"全世界最昂贵住宅区"之称，被看作是财富、名利的代表和象征。

膀的脚的残片、生物、头颅，以及固定在墙上的旧残片上用石头雕刻的鸟翅。然后，我穿过房子，走向外面的雕像和花园，用一句话来形容，就是鸟类在唱歌。

就好像空气在其中有了生命一样。就好像感觉到了自己耳朵的觉醒。我回到书房待了一会儿。许多人走过我的身边——圣米歇尔别墅神奇的一点是，尽管人流不断，却并不拥挤——我先是听到鸟叫，然后听到人们用各种语言说话，而每一次，这座房子都将带给他们开放和光芒的神奇。噢，看吧。

这就是参观阿克塞尔·蒙德博物馆的感觉。你穿过大厅、厨房、卧室、书房，这是装饰和散落着艺术、垃圾、美和历史碎片的居所。然后你发现自己走上了一条越来越好走的路；艺术、垃圾、历史、家、树、石头、树叶和天空全部转化为风景的边缘，这风景如此开放，甚至重新定义了"风景"这个词本身。我在嘲笑自己的词穷和记忆的不准确，但总的来说，这个地方是那么精巧，打开你的眼睛、耳朵、感官，带你从室内走向了户外，直到最终你到达了它，它到达了你——一种蓝色的绝对，一种开放的缩影。

我沿着路往前走。两个法国孩子躲开我。这儿有鸟鸣和笑声。我去看那座俯瞰海湾的古老红黑花岗岩狮身人面像，就是蒙德称"在梦里"发现的那座。我用手抚过其光亮的侧身。除非你是一只鸟，否则你看不到它的脸。我沿原路返回去看另一座小型狮身人面像，它有着伊特鲁里亚式的翅膀，背景是陡峭的岩壁；长在它身上的苔藓呈非常明亮的黄色，它身下的船以及山上的所有房子都只是白色的小点，就像海盐碎片那么大。我又回来穿过雕像所在的凉廊；半身像上低着的头颅庄重而收敛。我再次进入蒙德的书房，他的写字台上有座巨大的美杜莎头像。他的瑞英字典打开着，翻开的那一页上有"封闭""吹牛"和"遗迹"等词。

一位外向的老年女性在我附近坐了一会儿，以平复呼吸。她说她来自荷兰，50年前就读过圣米歇尔的故事，很喜欢，6年前又读了一遍，并终于决定到这里来。为什么等了50年？她耸耸肩。"生活所迫。"她说。四个孩子，还有丈夫，自己从医40年，然后就老了。她用拐杖敲打了一下看起来已经肿胀的脚。

她告诉我自己叫玛丽吉克，书房是她最喜欢的地方。她喜欢蒙德所描述的我们应该如何吃，如何喝，要喜乐，"但是他也是黑暗的，愤世嫉俗。""你这样认为？"我问。"我知道，他是与死亡有关系的人。"她说。我们同时看向墙上那个巨大的美杜莎头像。

蒙德称他在海底找到了这座美杜莎。随着时间的流逝，她的蛇、眉毛，甚至其中一个眼睑都消失了。今天，雕像被绿色的常春藤环绕，显得非常有生命力。

也许他想被变成石头，我说。玛丽吉克做了一个小小的姿势，将我们周围的石制品全部囊括进来。她耸耸肩，站起来，跟我握手，走出去到光明之中。

这让我想起来雪莉·哈萨德（Shirley Hazzard）在其引人入胜的回忆录里对这座岛以及她在卡普里的朋友格雷厄姆·格林所写的话。她引用一部意大利小说，认为它是真实的，不仅仅是关于这个几乎美得不可承受的地方，还是关于格林，他的艺术，关于如何做人。"人类需要不开心的分量，至少与他们需要开心的分量一样。"我想，反复无常的老骗子蒙德，站在这个意大利的小小瑞典，这个南方里的北方，这个充满了游客，但你仍能感觉到孤独和从容的花园，这个没有标签、从所有分类中解放的博物馆里，了解它的变化和反面。他将天空带进了室内，让你面向地平线，暗示探讨"真"和"假"其实并没有什么意义。他理解——毕竟他自己视力不佳——在这样一个明亮、充满色彩和光线的地方，谜题比以往任何时候都黑暗。他不想人们把这里当作博物馆，他想要任性的行为、现世的权益、想象的行动。这就是这个建在悬崖边的地方的意义。所以，我站在墨丘利旁边，他是小偷、艺术家、讲故事的人、沟通之神，是生与死之间的地下通道。有一张蜘蛛网，它看起来非常新。如果我伸出手把它擦掉，会有人在意吗？

我把手指伸进神那空洞的眼睛里。然后我走出去，再次看向无限。

撰文 / 艾莉·史密斯[*]

圣米歇尔别墅

意大利卡普里阿克塞尔·蒙德别墅34，邮编：80071

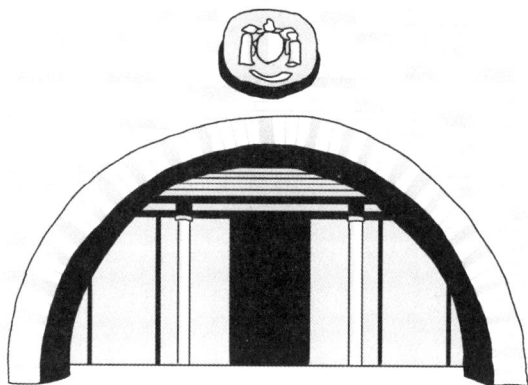

不再被歧视
维多利亚国家美术馆，墨尔本
Spurned No Longer
National Gallery of Victoria, Melbourne

当你沿着墨尔本市区满是嘈杂电车的林荫大道走近维多利亚国家美术馆时，很容易理解为什么这里的一位前馆长把它叫作"圣基尔达大道上的克里姆林宫"。它是一座巨大的矩形大厦，青色石墙让人觉得像是监狱，在挤满游客和穿梭者的区域里，它仍保持着一种永久的、邪恶的遥远感。这里没有窗户。建筑唯一的断裂是一个拱门，小得就像《猫和老鼠》里的老鼠洞一样。只有走进那个入口通道，你才能看到建筑的内在。这里没有吊闸。你和澳大利亚最伟大的艺术收藏之间，只有一片水墙相隔。自1968年美术馆开馆以来，这片水墙就使人们心境平和，令孩子开心不已。今天，在暑期炎热的早晨，孩子们逗留在这里，感受水流冲过他们的手指。看着他们，就觉得幸福。这一幕把我带回到过去。

可以说，维多利亚国家美术馆与我有一个尴尬的开始。那是大约半个世纪前，圣基尔达大道的这座新建筑开馆不到一年，它是墨尔本市民的胜利，是城市市民和不羁文人们可以分享和争辩的战利品。但这两个族群我都不属于。我满头大汗打着赤脚来到它的大门，是从西部边疆来的9岁邋遢闯客。

我在偏远的澳大利亚西部出生并长大，那里沙漠与大海相接。紧临印度洋，后面则有世界上一些最不宜居的土地——珀斯是一座地理围城。它长久以来被称为世界上最被隔离的城市，当地人对这一称号持一种羞愧、憎恨和保护性骄傲的混合态度。我成长在艰苦、功利的环境中，认识的人从未完成过学业，人们重视实用技能，而美、艺术和语言只是无用的东西。在我和被称为艺术的风险梦想世界之间，似乎有一条文化鸿沟。但是，还有需要抗争的更大障碍——最主要的一个是距离。"真正"的澳大利亚，那些我们在电视和杂志上看到的澳大利亚，位于别处，位于无树平原的热浪之外。在别处，你所知道的一切都是无足轻重的。

　　觉得被占国土面积三分之二的东部各州忽视甚至蔑视，像我这样的西部人有一种被刺痛的焦虑，就像世界其他地区首都以外的人一样。我们梦想经过大穿越到达另一端，即使只是去确认它不是人们所夸耀的一切。穿过纳拉伯平原[1]是一种仪式，在那个时代是相当了不起的——不仅因为距离（珀斯离墨尔本要比伦敦离莫斯科远得多），而且因为唯一连接西部与其他地方的道路，是条粗陋的石灰石小道，它磨损汽车，令摩托车手们发疯。我们家在1969年夏进行了这场跋涉，白天在沟壑中颠簸，在白色灰尘中咳嗽，走不动时就在路边星星之下露营。沙漠的炎热无法忍受，地形险峻而无情。

　　我们那时确定不会白白经历苦难。我的父母希望我们能感受外面的伟大世界，于是让我们很早就退学了。他们说，有那么多可以看、可以做和可以学的，墨尔本是拥有这一切的

1　纳拉伯平原，澳大利亚西南部的石灰岩平原，靠近大澳大利亚湾，东西横跨西澳大利亚、南澳大利亚两州，绵延560千米。南北狭窄，最宽处240千米，气候干燥，植物贫乏，人口稀少。

地方。我们将参观墨尔本板球场神圣的看台，走在像伟大黑白片《大屠杀》（Homicide）和《第四区》（Division 4）里警察出现的大街上，最后，也是最重要的，我们将在锡德尼迈尔音乐碗徘徊，就在一两年前，传奇的逐梦者乐队² 在这里为 20 万粉丝开了一场省亲音乐会，那是澳大利亚历史上观众最多的一次音乐会。

我们花了一周多的时间到达墨尔本。将衣服上的灰尘掸尽，穿过各个热门打卡地，尽管没人承认，但我们的心情变得低落。这个地方看起来很普通。轻快的电车有一种时代的错觉，但墨尔本没有什么震撼的东西，也不比我们所知道的地方更像澳大利亚。板球场只是个笨重的建筑。在没有我们的精致民谣歌手点燃的时候，追逐者的胜利之地也似乎并不能使一个 9 岁的孩子激动。即使是我的父母也有一点儿失落，但他们忠实地在舞台旁逗留了一会儿，而我们这些小孩子在阶梯看台上相互追逐，奔向我们旅程的最后一站。

妈妈向我展示过美术馆的照片：不 ²逐梦者乐队，澳大利亚民谣乐队。

管怎么说，这个地方是非常现代的。但是，那天很热，我们的脚很痛，对它的主要期待就是水。我们快速穿过音乐碗的停车场，到达圣基尔达大道上的这座堡垒，在那里，我们在美术馆像护城河那样的池塘前被震撼住了。然后，就像野人一样，我们把脚浸在里面，这是一天中最快乐的时光。对于我来说，水是一种特别的解脱。我的两个大脚趾指甲都断了，摇摇晃晃的结痂令人生厌。在我的父母到来之前，那些大人就开始呵斥我们不要玩水。他们说，把脚泡在里面是可耻的。你们不知道这是艺术吗？

我们在炎热的小道上晾干自己，知道最好不要去触碰那面颇具诱惑力的水墙，它就像是街道与博物馆内部秘密之间闪着光的幕布。我们排着队，跟随父母通过大拱门进入了凉爽的内室。我们拿出了最好的表现。妈妈把唾沫吐在大拇指上，擦干净我们的脸。

然后我们去了售票处，被告知不得进入。打着赤脚的乞求者不受艺术殿堂的欢迎。妈妈觉得羞耻；我们觉得受到伤害。但还有更糟的，爸爸生起气来，决定理论一番。他当然还好，毕竟他穿着橡胶拖鞋，但对于我们其他的几个人来说，只能在羞辱中退缩，这太难受了。在进行了几次无用的试探后，他有了突破。他告诉那个管理员我们来自昆士兰州——突然所有的抵抗消失了。对于来自炎热北部的乡巴佬，他们似乎会做出让步。我们进去了！

这场胜利几乎被浪费了：我觉得特别尴尬，很难理解摆在我面前的东西。这是我熟悉亨利·摩尔[3]的原因。我躲在他的《戴着面纱坐着的妇女》（Draped Seated Woman）后面很长时间，试图重新平静下来。对于我来说，它的作用也许就相当于一辆停在那儿的车。但是，我还是花时间去欣赏它了，它的材质具有某种安抚的作用。它的弯度颇有些令人困惑的性感。就像妈妈所说的那样，它是非常现代的，但还有一种质感，我后来认为那是人性。我在那里获得庇护，振作了起来。我从那里出发，去看其他我能找到的东西。

我自由地闲逛。在大厅我伸长脖子去欣赏里奥纳多·弗伦奇[4]那充满争议的彩色玻璃天花板。如

3　亨利·摩尔（Henry Moore，1898—1986），英国雕塑家，以大型铸铜雕塑和大理石雕塑而闻名。
4　里奥纳多·弗伦奇（Leonard French，1928—2017），澳大利亚艺术家，以其彩色玻璃作品知名。

果能躺在地上观赏的话就好了，但我不敢。从那里我游荡在展室和画廊，寻找我们当地的传奇，比如汤姆·罗伯茨[5]和弗雷德里克·麦卡宾[6]，他们殖民时期的画作从上学时我就知道了。我在罗素·德赖斯代尔[7]的《猎兔人》（*The Rabbiters*）前逗留：它看起来很传统，颜色看起来也颇为老旧，但它很诡异，几乎像是被附身的东西。这是现代的作品吗？我不知道。我不停地看着它。在欧洲大师厅里，我茫然了。我只驻足欣赏那些具有标志性意义的作品，或者那些足够有名能让我知道是哪位艺术家的作品。像伦勃朗的《两个吵架的老人》（*Two Old Men Disputing*），它使我想到在一家老人院里的板球爱好者。这是一幅你会爱上的画。你可以用整个余生欣赏它，但仍然好奇它要讲述的故事到底是什么。

　　这里有许多我不懂的东西，有许多让我不安的物品，基座上的条、点和团让我摸不着头脑。人们的想法似乎没有界限。

5　汤姆·罗伯茨（Tom Roberts, 1856—1931），澳大利亚画家。

6　弗雷德里克·麦卡宾（Frederick McCubbin, 1855—1917），澳大利亚印象派画家。

7　罗素·德赖斯代尔（Russel Drysdale, 1912—1981），澳大利亚画家。

这让人头晕。一间展厅接着另一间，我不断跋涉，直到最后我沮丧地屈服了，像被晒伤的汉斯 [8] 往回走，发现我的家人盘坐在入口处，筋疲力尽地等着我。

穿过水墙回到熟悉的世界，我隐约感觉自己已经看到了一些特殊的东西。我知道自己不是天才，但我也不想庸庸碌碌，如果说我从这次短途旅行中学到了什么，那就是人们透过每一天看到的东西可以做些什么。不是某个单一的经历令我想靠着想象生活，但我毫不怀疑这次参观所带来的重要影响。不到一年后，我开始告诉每一个愿意倾听的人，我将成为一个作家。

所以，2015 年夏天再回到国家美术馆是一种享受，但不再是一种新的感受，现在它只是一个机构。它发生了一些变化。圣基尔达大街上这座宫殿风格的建筑被重新命名为国家美术馆国际部，其丰富的澳大利亚藏品被重新安置在雅拉河 [9] 对岸的伊安·波特（Ian Potter）中心。最近的改造使旧大楼有更多展览空间，我发现大厅里

8　格林童话《汉斯和格莱泰》（*Hansel and Gretel*）中的一个小男孩，被继母抛弃在森林中，用尽各种办法终于找到回家的路。

9　雅拉河，位于墨尔本南部，墨尔本基本沿河而建，有人称之为墨尔本的母亲河。

挤满了参观者。从外部看，它仍然是相当令人却步的，但是前往博物馆的公众并不像过去那样容易被唬住。那种沉闷的敬畏已经消失。小孩和他们的家长高兴地将手穿过水墙。看着普通人伸出手，进行接触，在进来时就像主人一样，这令人愉快。

里面，民主精神仍然继续。今天，参观常设的展览是免费的。孩子们毫无保留地受到欢迎。我到访的那个早上，孩子们排队准备骑上中央大厅里闪亮的铜旋转木马。在大厅里，里奥纳多·弗伦奇 51 米的彩色玻璃天花板仍然存在，孩子们躺在地板上，一边翻滚一边指来指去。一位老奶奶脱掉鞋，赤脚从大厅的一头追逐她的孙子到另一头，这看起来很有趣。

令人伤心的是，天花板本身却并没有与岁月良好地相处。它诞生于错误的时代，看起来像一幅世界最大的编织地毯，准备铺在巨型慈善家的膝盖上。亨利·摩尔那曾经充满争议的《戴着面纱坐着的妇女》也仍然在那儿，一如既往地精巧，画作中妇女的那张脸现在似乎有一种无礼的空洞。

新雕塑花园附近有皮诺·康提（Pino Conte）的《生命之树》（*Tree of Life*），这座雕塑描绘的是一个婴儿紧紧贴在他母亲的乳房上。母亲的木刻躯干被刻画得颇为性感，但是母亲的气质是不可置疑的，是对生命之可爱的一种颂扬，如果我带我的孙辈之一来国家美术馆，这将是我们的第一站。在欧洲展厅的迷宫里，我第一次发现博物馆收藏了这么多的宗教艺术，并遇到了提香的《拿着书的和尚》（*Monk with a Book*）。一个虔诚的人也许更愿意看起来是向往天国的，但这位教士似乎正在寻求某种更贴近于人间的活动。伦勃朗的《两个吵架的老人》还在，仍然像以前那样闪闪发光，再往前，在主要展示17—18世纪作品的展厅，我遇到了一件新藏品——简-弗兰西斯·萨伯利[10]绘制的南特[11]市长丹尼尔·克夫甘（Daniel Kervégan）的肖像，生动地展示了这个革命时代的公民。他有一张平凡的值得信赖的脸，眼神疲惫但高尚。这是巴黎公社成员们梦想的那种公民领袖。但即使在这个对世界已经厌烦的脸上，也没有任何恐怖即将到来的暗示。

把熟悉的过去抛

10　简-弗兰西斯·萨伯利（Jean-Francois Sablet，1745—1819），瑞士画家。

11　南特，法国西部最大的城市和法国第六大城市。

到脑后，我一边喝着一壶大吉岭休息，一边思考博物馆发生了什么变化。我对建筑结构的增加百感交集，但这里最显著的改善是变得接地气儿了。大卫·史瑞格利[12]展的几个展厅里，到处都是对着画作临摹的孩子。楼上，好奇的年轻人们穿过画廊，拍照发图。艺术的殿堂不再歧视外行。

在收藏方面，最显著的变化是亚洲艺术品比重的增加。当我还是个孩子的时候，澳大利亚还没有从白人澳大利亚政策的道德黑暗中走出来，国家美术馆的收藏基本都是亲欧洲的。在越来越丰富的亚洲收藏入口处，放置的是印度尼西亚艺术家哈里斯·帕诺莫（Haris Purnomo）的燃情之作——《乌兰·希朗》（Orang Hilang），这是一件纪念苏哈托时代消失的社会积极分子的作品，愉快地向西方参观者注射一种违反他们狭隘人种期待的效果。是的，画廊里有许多传统和古老的作品——比如许多来自日本和中国的珍贵瓷器——但是，对当代典范的需求日益增长，而帕诺莫的作品有助于确定这一基调。画中

12　大卫·史瑞格利（David Shrigley），英国当代视觉艺术家，最为人称道的是其极具讽刺幽默感的漫画。

是一位眼神清澈的老人，他脖子底部有充满故事的伤疤，写着那些失踪人士的名字，就像伤口一样。言语一旦出口，就太危险。他的嘴被捂住了。他的眼睛和伤疤在替他讲述。

尽管政治目的如此明显，但它仍是一件漂亮的作品，在所有的绘画作品中，它是我看到的人们逗留最久的一幅。我一整天都在美术馆，但只欣赏了它所呈现的部分内容。看着孩子们和他们的监护人穿过水墙，我再次想到那次童年时的参观。我第一次走进国家美术馆时，是赤脚的、退缩的，但是我被自己看到的东西深深打动，以至于忘记了尴尬。我大步走出博物馆时，就像一个穿了靴子的人。

撰文 / 蒂姆·温顿[*]

维多利亚国家美术馆

澳大利亚墨尔本圣基尔达大道 180 号

邮编：VIC3006

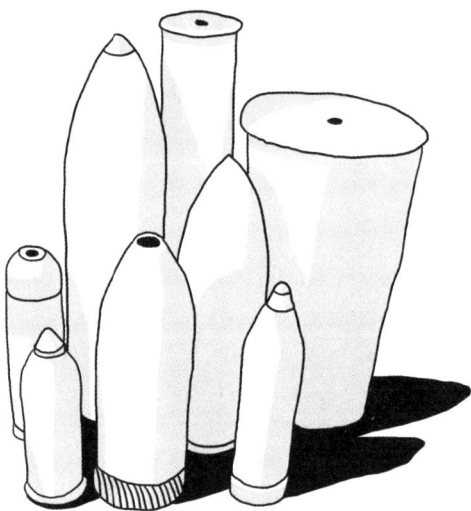

战争的可悲
法兰德斯战场博物馆，伊珀尔

The Pity of War
In Flanders Fields Museum, Ypres

我第一次去伊珀尔，去法兰德斯战场博物馆时，是与伟大的插图画家迈克尔·弗里曼[1]一起。博物馆位于占据了该镇广场一角的纺织会馆（Cloth Hall）里。我们是去出席一个讨论战争背景下儿童书籍的会议的——我几年前写过《战马》（*War Horse*），而迈克尔写过《战争男孩》（*War Boy*）和《战争游戏》（*War Game*）。我们已经是好友，并在一些故事上亲密合作过。我们多年来一起笑对人生，就像许多朋友那样。参观完法兰德斯战场博物馆后走入刺眼的光线

1 迈克尔·弗里曼（Michael Foreman, 1938— ），英国作家、插画家，因其为儿童书籍所作的插画而知名。

中，我们又一起哭了。

在上学时，我读过战争诗人——威尔弗雷德·欧文[2]、西格里夫·萨松[3]、爱德华·汤姆斯[4]和埃德蒙·布伦登[5]的作品。我听过爱德华·布里顿[6]的《战争安魂曲》，读过《西线无战事》（*All Quiet on the Western Front*）并看过这部电影。我每个秋天都会戴上罂粟花，在阵亡战士纪念日[7]沉默站立两分钟。但所有这些，都没有像这座博物馆那样深深打动我。

第一次参观后，我又重访过这里几次，有时是为设定在"一战"背景的其他故事做调查，比如《个人的和平》（*Private Peaceful*）；有时是为了在法兰德斯乡村礼堂和教堂里用村民音乐会的方

[2] 威尔弗雷德·欧文（Wilfred Owen, 1893—1918），英国"一战"期间的反战诗人。

[3] 西格里夫·萨松（Siegfried Sassoon, 1886—1967），英国反战诗人、小说家。作品多描绘战争中的恐惧和空虚，代表作《于我，过去、现在以及未来》中的"心有猛虎，细嗅蔷薇"颇具知名度。

[4] 爱德华·汤姆斯（Edward Thomas, 1878—1917），英国诗人、小说家。1915年参加"一战"并死于战场。

[5] 埃德蒙·布伦登（Edmund Blunden, 1896—1974），英国诗人、评论家。主要作品均是关于自己在"一战"中的经历，曾6次获得诺贝尔文学奖提名。

[6] 爱德华·布里顿（Edward Britten, 1913—1976），英国作曲家、指挥家和钢琴家，是20世纪英国古典音乐的核心人物，代表作品包括1962年的《战争安魂曲》（*War Requiem*）。

[7] 指英国11月11日的阵亡战士纪念日。

式表现这些故事。我的祖父埃米尔·卡麦茨（Emile Cammaerts）是比利时人，1914 年时他已经太老，不能参加战争，他写诗以鼓舞士气，有一些后来被埃尔加（Elgar）谱上了音乐。伊珀尔对于我来说是一个朝圣之地。当我每一次从法兰德斯战场博物馆走进城市广场的喧嚣时，我就发现自己迷失于悲伤之中。

有一次参观时，我看到一些英国孩子从客车上鱼贯而出，去参观在伊珀尔之外的一个墓园。当他们进入到那片鬼神之地时，吵闹和笑声消失了，他们的心突然被无数排的"波特兰石盖"墓碑深深打动了，这些墓碑上刻着诸如"士兵詹姆斯·麦克唐纳（James Macdonald）苏格兰近卫团 1915 年 9 月 7 日 死亡"一类的文字。这些孩子们很可能读过威尔弗雷德·欧文关于"战争悲剧"的文章。现在他们可以理解他所要说的意思，他所感觉到的东西。是那种悲剧伤透了心。

就在圣诞节前，我回到了同一个地方——贝德福德·豪斯（Bedford House）墓园，以及法兰德斯战场博物馆。这一次，《智生活》的文学编辑、正与我合作写书的朋友麦琪·弗格森也来了，带着她 12 岁的女儿弗罗拉（Flora）。弗罗拉第一次来这里参观，所以我试图使她能够了解，并解释了战争如何开始，如何进行，将我们看到的周围的一切合理化。

在墓园，我的存在也许对她有所帮助。我尽可能地将墓碑设置在某种历史背景之中。另外也有帮助的是，我们还参观了曾经的前线，眺望了 1914 年圣诞节停战时军队所在的浅浅山谷。现在，那里是一片宽广的绿色草坪、一个背后有树林的农庄。一位农民的女儿在外面骑着马，一只秃鹰在我们头顶上叫着。没有地方能比这里看起来更拥有牧歌式的和平了。还可能有些帮助的是，我们还站在门宁门（Menin Gate）下，看着那些没有坟墓的 54896 名士兵的名字，听伊珀尔消防队吹响夜班的号角，这是他们每晚 8 点钟都要做的。

但是，走进博物馆后，我作为历史指导的角色就无用了。从我们进入的那一刻起，言语和图片、影片和声音、雕塑、绘画、器物和模型都在讲述近一个世纪前，欧洲的人们是如何全体变疯的。

这一切有一种个人参与感。进入博物馆后，参观者被鼓励选择一个真实的人物，他们可以跟随这个人的故事穿越整场战争。弗罗拉走在我身边，被一个荷兰女孩的生活所吸引，战争爆发时，那个女孩 6 岁，不久就成了孤儿。

纺织会馆的一楼是由一系列又长又暗的房间组成的，穿过这些房间，参观者随年代的顺序从 20 世纪初期敌意的累积和对战争越来越大的恐惧出发，直到最终的和平。我们最开始阅读的文字是刻在一块石头上的，它来自 H. G. 威尔斯[8]："世界上每个有智慧的人都知道灾难即将到来，但不知道如何避免。"大国之间军备竞赛升级，挑衅性的言辞增加，协约国和同盟国组成，这意味着任何火花都会引燃导火索。发生在萨拉热窝的弗朗茨·斐迪南（Franz Ferdinand）大公暗杀事件就是这个火花。它并没有导致立即的爆炸，但是因此军队开始演习，政治家开始威吓，警告开始增加。爱国宣传引发了太多的激愤，普通人都开始渴望战争。

通过报纸标题和文献镜头，故事被讲述得简洁而明快。参

8　H. G. 威尔斯（Herbert George Wells, 1866—1946），英国小说家，尤以科幻小说创作闻名。

观者站在一个巨大的悬空圆柱体下，向上看着欧洲的面庞：士兵和平民，都是受害者，将要被暴力征服。在人群的欢呼中，男人们穿着明亮的传统服装，戴着那些更适合安徒生《坚定的锡兵》(*Brave Tin Soldier*) 中的帽子，走向战争。在半隐藏的角落里，等待他们的是机关枪和铁丝网，是火焰投射器和防毒面具。在前面，现在我们可以听到，在黑暗隧道的深处，弹壳爆炸的碰撞声，以及风笛遥远的哭泣声。我们知道接下来的是什么。我们不想去那儿。但是，就像 1914 年的士兵那样，我们被蛊惑，被无情地卷入。无处可逃。

现在我们前进穿过伊珀尔的废墟（该镇被炸成碎片，现在的纺织会馆细致地复原了其中世纪的样子），然后进入到战壕，泥土和无人区铁丝网很快延伸到 400 英里，从瑞士直到英吉利海峡。我们几乎被投入黑暗之中，被枪弹声所淹没。一组包括一位法国人、一位德国人、一位比利时人和一位英国人的士兵雕像，讽刺地围坐在一套茶具前，这套茶具曾在前线被英国指挥官海格将军使用过。一个展柜展示了属于乔治五世表亲、巴腾堡的莫里斯

（Maurice）亲王的军刀，他于 1914 年 10 月代表英国作战时被杀，葬于伊珀尔镇公墓。墙上，战士的目光向下注视，他们一点儿也不相似。来自三十多个国家的人们在这场战争中战斗，忍受战壕生活、寒冷、虱子、老鼠、弹壳和狙击手的火力。有人吹起口哨。在老纪录片中，我们看到他们向上爬。机关枪的死亡之声加强了恐惧感。

所以，当转弯后看到在 1914 年圣诞节前夜，德国和英国士兵在无人区握手时，我们是非常感动的。墙上展示的同期描述告诉我们停战是如何开始的：人们冒险爬出战壕，开始试探性地接触，分享香肠和杜松子酒，交谈、吸烟，交换纽扣和徽章，最后还踢了一场足球。最终弗里兹和汤米的比分为 3：2。那时，那个地方没有交火。

"一个英国人正吹着一个德国青年的口琴，"约瑟夫·韦泽尔（Joseph Werzel）给他在德国的父母写道，"有些人在跳舞……相互仇恨的敌人在树边唱颂歌。1914 年的圣诞节将使我永生难忘。"

很快，枪弹的声音被战壕间互换的圣诞颂歌《平安夜》（Stille Nacht）和《牧人闻信》（While

Shepherds Watced）的低吟声所代替。在我身旁，弗罗拉充满了愤怒的不解："这些战士后来怎么会互相杀害？他们为什么不直接说'对不起，我们现在是朋友。我们不会再打仗了'？"

我将她的注意力转到温斯顿·丘吉尔（Winston Churchiu）在停战前一个月，也就是 1914 年 11 月，写给他妻子的一封奇怪的、具有预言性质的信上："如果双方的军队突然同时罢工，说也许可以找到其他解决争端的方法，会发生什么？"圣诞停战是他们达成这一想法最近的尝试：在大屠杀重新恢复前的最后一抹希望曙光。

在这个博物馆里，士兵自己的话常被用来讲述故事，他们的言辞往往充满了深深的困惑。朱利安·格伦菲尔（Julian Grenfell）在战壕给家里写信："然后，后面的德国人再次冒起了头。他在笑，在说话。我从瞄准器里看到他的牙齿在闪光，我非常稳定地扣动了扳机。他哼了一声，倒了下去。"格伦菲尔的漫不经心让人心寒。"我崇拜战争，"他承认，"这就像野炊，但又不像野炊那样没有目的性。"

当你阅读到这些，接下来的音效视觉体验会令你震惊。风笛仍在吟唱，我们发现自己被悬挂着的戴着防毒面具的头颅所包围，它们都在盯着我们。一个声音在背诵威尔弗雷德·欧文的《为国捐躯》（*Dulce et Decorum Est*），这写于 1918 年他去世前 6 个月，结尾是这样的：

> 我的朋友，你不会用高昂的热情告诉
> 追求某种绝望荣光的孩子们，
> 那个古老的谎言：为国捐躯
> 美哉！宜哉！

然后是约翰·麦克里[9]的《法兰德斯战场》（*In Flanders Fields*，1915）：

> 我们已经死亡。几天前
> 我们生活过，感受过朝阳，看过夕阳西下，
> 爱过，被爱，现在我们躺在
> 法兰德斯战场。

9　约翰·麦克里（John McCrae，1872—1918），英国诗人、医生。

弗罗拉背诵着这首诗，声音轻柔，一字不错。她在小学时就学过。

随后，当我们在下一个房间里看到一座矗立于火中的马的雕像时，如鲠在喉。它的后腿陷入泥里，在士兵身边承受痛苦。这让我想起了我的《战马》，从一匹马的眼睛看到战争的普世痛苦——国家剧院的改编赋予这个故事神奇的生命力。我们不能忍受和直视。现在我们遭遇持续"轰炸"——来自数字信息、各方士兵的个人描述、医生和护士、被炸离家园的难民。弗罗拉指出一个与她年龄相同的法兰德斯女孩的话，她在1917年拜访了当地一所战地医院后写道："有30或40名士兵被毒气攻击。他们躺在一个房间；他们被灼伤了。其中一人穿了一只旧鞋，其他的人基本不剩什么，只有夹克的半只袖子。那是我见过的最悲伤的事情。"

展示目击者描述的是照片和电影片段、地图和模型。在这些之中铺陈的是士兵悲伤和扭曲的遗物、战争被腐蚀的文物：头盔、腰带扣、子弹。还有无数这种可怕的装备仍然埋在法兰德斯的土地上。每年，大约有200吨未爆炸的弹壳被翻出，自从战争结束，它们已经导致 599 人死亡——最近的一起就在 3 年以前。埋在弹壳、坦克和矿井中的，是那些名字被刻在门宁门上的几千士兵。

在博物馆的终点，两位伟大的人用文字向我们展现他们的愤怒，回想充满战争的那个世纪。"代表那些现在仍在承受苦痛的人，"西格里夫·萨松在 1917 年发给许多朋友的信中（后来这封信在众议院被念出）写道：

> 我抗议施加于他们身上的欺骗；我相信我能帮助摧毁无情的自满，大部分在后方的人带着这种情绪，来看待他们并不能分享，也没有足够想象力来实现的苦痛的延续。

10　保罗·纳什（Paul Nash，1889—1946），英国超现实主义画家、战争艺术家、摄影师、应用艺术设计师。他在英国艺术现代主义的发展中发挥了重要作用。

11　帕斯尚尔位于比利时。帕斯尚尔战役于 1917 年 7 月 31 日爆发，一直持续到 11 月 6 日，交战双方英国和德国经历了长达四个多月的拉锯战。攻守之间，盟军 32.5 万人伤亡，德军 26 万人伤亡。

当战争艺术家保罗·纳什 [10] 第一次看到帕斯尚尔 [11] 附近的地貌时，将它描述为"一个被但丁或爱伦·坡臆想出的国家"，将他自己称为"将那些正在作战的人的话带给想把战争永远进行下去的人们的信使"。

他的这些话就在其标志性的画作《无人区》（No Man's Land）旁边，正是这个人类在地球上制造的地狱的形象，在我们移动到另一个略为明亮的房间时陪伴着我们。那个房间里都是电影混剪，有欢呼的人群，许多受伤和带着伤疤回家的士兵，还有那些没有回家的人的坟墓。现在，我渴望光线和空气。我急切地想走出这一受难之地。但是，在出口前，我们被迫面对最后一个令人清醒的展示：自从"结束战争的那场战争"结束后，红十字组织在全球参与的主要战争的数目统计表——到目前的数字是 126。这一数字给我当头一棒：我刚刚拜访过加沙的孩子，亲眼看到战争的影响。在哈马斯检查站等待入境时，我亲眼看到两个孩子被枪击，他们血腥的尸体被包裹起来放到驴车上，并被迅速运走。

回到广场，来自纺织会馆钟楼的钟琴声响彻整个小镇。丘吉尔曾这样评价伊珀尔："对于英国人来说，世界上没有比这里更神圣的地方了。"如果伊珀尔是英国历史上最密集的屠杀场，对于许多其他民族来说也是如此。如果它是神圣的，那对于其他民族来说也是如此，不管是老朋友还是老敌人。这座博物馆告诉我，萨松比丘吉尔更接近这一事实。

我们走过鹅卵石，在恢宏的广场上站了一会儿，那里因为圣诞集市的灯光而十分明亮，回响着滑冰场里孩子们的笑声。伊珀尔从灰烬中走出，重建了自己。夜晚的号角仍然吹响，但当地的人们生活在当下：他们需要如此，否则这个小镇所目睹的苦痛会把他们逼疯。法兰德斯战场博物馆和他的创始人皮埃特·钦伦斯（Piet Chielens）在帮助他们找到自己在历史中的位置时起到了重要的作用。他们了解，我了解，现在弗罗拉也了解，李德·哈特（Liddell Hart）上尉在提到这场可怕战争时说的话是对的，"除了损失，它什么成就也没有"。

撰文 / 迈克尔·莫波格[*]

法兰德斯战场博物馆

比利时伊珀尔市集广场 34 号

爱之召唤
哈佛自然博物馆，马萨诸塞州的剑桥

Love Bade Me Welcome
The Harvard Museum of Natural History, Cambridge, Ma

哈佛自然博物馆的工作人员表示可以在早上8点为我开门，这让我受宠若惊，这样，摄影师和我也许能在博物馆正式对马萨诸塞所有学生开放的几个小时前独享这个地方。事实上，我喜欢学生。我喜欢他们在经过某个角落，突然看到孟加拉虎标本时发出尖叫的方式；然后他们招呼一个被屋顶悬挂的剑吻鲨模型所吸引而掉队的朋友，所以他们可以看到自己的朋友也发出尖叫。学生提醒我们，我们看到的东西是令人振奋的——但是，他们在长颈鹿前霸占了所有的空间。

我第一次看到那只长颈鹿是在1983年，它看起来有一些老旧，脖子上还贴着胶带。那时我 19 岁。我来到哈佛暑期学校，爱上了一个叫杰克的高个子男生。杰克对生物很感兴趣，而我对杰克感兴趣，于是我对生物也有了兴趣。我去了比较动物学博物馆，大概知道杰克在上学期间在它的地下室做某种工作。博物馆有五层楼高，由暗红色的砖砌成，具有维多利亚时代的气息，似乎有种极度的无序状态。我基本不记得 1983 年看到了什么，因为那时我想的是杰克在哪里学习，在哪里吃三明治。我希望他也许可以在那里看到我，吃惊于我对布拉斯卡玻璃花的兴趣。即使是一个被爱情冲昏头脑的 19 岁女生，也不可能不注意到它们。

到了秋天，杰克和我分手了，但几年后我们又一次相遇，并发展出了持续 30 年的友情。我猜这超越了那个暑期学校发生的所有浪漫故事。他在比较动物学博物馆地下室研究的是鱼类学。后来他在斯坦福大学获得了生物学博士学位，专注于研究蝴蝶。我成为一个小说家，在 30 岁的时候回到哈佛，在拉德克利夫学院邦廷研究院待了一年。即使没有爱情来促使我走向科学，我还是不断回访比较动物学博物馆。

哈佛自然博物馆是一个相对新的名字，而成立于 1859 年的比较动物学博物馆虽然与它坐落于同一建筑内，但并不是同一个博物馆。你需要购票才能进入自然博物馆，那里到处都是学生。它是比较动物学博物馆的 12 个分部（包括鸟类学、昆虫学、爬虫学、软体动物学等）、哈佛大学植物标本馆（一度被愉快地熟知为蔬菜产品博物馆）和矿物学与地质学博物馆的公共脸面。将哈佛自然博物馆比作一个车站，而其他三个博物馆就相当于运营研究中心，代表通向世界的轨道和列车。这就是为什么哈佛自然博物馆是我最喜欢的博物馆。在这里，你可以感觉到科学从四面八方向你袭来。如果你看到陈列的 100 只鸟儿，你就可以确定它们是从近 40万只鸟类收藏中选出的，下一次你来的时候，许多鸟儿已经被替换，以保证这是一个全新的展览。这里大约有 2100 万件标本。你在公共空间看到的，只是生物学的冰山一角。

但是科学并不是我唯一爱的东西。还有一个事实是，尽管博物馆不断翻新和举行新展，它仍保持

1874 年开馆时的感觉。"这是博物馆中的博物馆。"杰克曾这样对我说过，他完全正确。这就是博物馆曾经的样子。这不仅是因为它拥有世界上唯一组装还原的克柔龙，以及最伟大碧玺标本中的一枚（这样的标本全世界仅有三枚），还因为经过几代馆长的努力，使它有一种未被时光打扰的感觉。只要走进博物馆，就能想象得到若是 1874 年来到这里，第一次看到牦牛或被完美呈现的开花鲜人掌模型时是什么样子的。在这个 24 小时被国家地理频道节目轰炸的时代，很容易忘记这样一个博物馆的初衷就是为了向其资助者展示世界的神奇。走在大型哺乳动物厅，我再一次被小麑鹿的小细腿、美洲野牛深厚的皮毛所震惊。

"名字中的大是指大型哺乳动物，"布鲁·玛格鲁德（Blue Magruder）告诉我，"不是大厅。"布鲁是博物馆的公共关系负责人，她带我游览这个我自认为已经相当了解的地方。她非常专业，很难想象她在博物馆的其他领域工作。她毕业于拉德克利夫学院，但是她与博物馆的关系远早于此。她的祖母曾带着还是孩提时代的她的母亲来这里。布鲁则带自己的儿子来这里。她带我参观鱼和花，就像一个人带我参观她自己在其间长大的房子一样。对于这个地方，她无所不知。"他们需要更换地板上的一些木板，原来使用的木头太稀少了。现在已不能采伐。但是有一个公司在密西西比河拉网，找到了19世纪初从货船上掉落的木头。"她讲述这些的时候，好像密西西比河底就是寻找替代地板理所应当的地方，当然，接下来就是他们打捞起那些木头，将它们锯成平板，并修复了地板。多年来这里有许多修复，大部分是修旧如旧。"他们抛弃了炽热的电灯——那会使标本断裂，"布鲁说，"人们会走进来说，'这真丢人。哈佛需要有新犀牛！'但是他们不知道，你不能就这样获得一头新犀牛。你需要修复你现有的。"长颈鹿的胶带最后也被掩盖了起来。动物被放到玻璃后面以防止抚摸造成的磨损和伤害。但是，旧也需要适度。西印度海豹看起来就好像是从阁楼上拉出来的姨婆的外套。就像它应该表现的那样。这些动物并不是昨天才出生的。

　　我们快速经过的所有东西都有故事，让我想一整天都待在这里。天花板上悬挂着斯特拉海牛的骨头，这种生物于 18 世纪 70 年代灭绝，也就在它们被发现仅仅 30 年后。向上看，布鲁摇了摇头，"它吃起来像牛排，显然是因为如此。"阿拉斯加海岸白令岛的水手们将它们一扫而空。这个地方每一转弯都潜伏着"灭绝"——渡渡鸟、海雀、候鸽、卡罗来纳长尾鹦鹉和有着甜美面庞的塔斯马尼亚虎。半数动物的解说牌上，都说明它们不会再回来。

当我欣赏倭犰狳时，布鲁说前面还有一只更好的。当然，那一只是绝佳的：一只巨大的犰狳，像成年猪么大。"不要引用我的这句话，"她说，"但我非常确信犰狳是不断生出基因相同的四胞胎的唯一动物。"

"我不能引用你关于基因相同的犰狳四胞胎的话？"

"那应该来自一位科学家，"她说，"不应该从我口中说出来。"

为了准确起见，我从关于这家博物馆的一本书中确认了关于犰狳繁殖的这一说法，并将它用在这里，这是说明哈佛对待科学事实有多严谨的最好例证。

在博物馆所有的神奇藏品中，没有什么能与玻璃花收藏媲美。它们被单独摆放在一个展厅，安置在有木头边的旧式玻璃展柜中。有许多不显眼的标志提醒观众不要触摸或倚靠在展柜上，但是现场并没有保安来执行这一规定。确实，玻璃花一开始让人无法理解。它只是一个充满装在玻璃柜子里的植物的展厅，许多植物在开花，还有很多刚刚被拔出地面，泥土仍然附着于根上。但是，最开始展示的似乎是自然的完美，实际上则是艺术的完美，这是居住在德累斯顿郊外的一对父子利奥波德（Leopold）和鲁道夫·布拉斯卡（Rudolf Blaschka）一生的工作。

从 1887 年到 1936 年，先是利奥波德，然后是利奥波德和鲁道夫一起，最后又是鲁道夫一个人，竭力为哈佛制作了 4000 多个模型，全部使用玻璃。就像博物馆的其他东西一样，这一庞大的收藏是会轮展的。"腐烂的苹果去哪儿了？"一位妇女疯狂地问。馆员向她解释，苹果现在没有展出，但很快就会再次轮到它们。从我个人的角度来说，我想看到 1889 年利奥波德·布拉斯卡送给伊丽莎白·C. 瓦尔（Elizabeth C. Ware）和她的女儿玛丽·李·瓦尔（Mary Lee Ware）的一小束花：它们被用来感谢她们为后来成为玻璃模型和植物瓦尔收藏的担保。这束花目前也没有被展出。我与那位想看到苹果的妇女心有戚戚焉。

遇到杰克的 20 年后，我想写一部小说，主角就是在比较动物学博物馆地下室研究鱼类学的一个哈佛学生。如果一个聪明的年轻人是被迫学习鱼类的呢？如果他的政治家父亲觉得这完全不能接受呢？这不是杰克的故事，但他绝对是我创作这本小说的起点。我打电话问他是否还认识在比较学博物馆的人？他帮我联系上了鱼类学收藏部主任卡斯顿·哈特尔（Karsten Hartel），卡斯顿邀请我来到这里。

这是哈佛自然博物馆和比较动物学博物馆分野变得清晰的地方，因为尽管楼上有令人眼花缭乱的几十种鱼类的展示，楼下则有将近 150 万条鱼被装进罐子、冷却器内，风干后被放进抽屉，填充、放上架子，置于橱柜的顶层。博物馆的这一部分向学生和科学家开放，但不向普通公众开放。由于我也考虑过将角色设定成一个鸟类学家，我也拜访了那个部门，看了鸟窝和鸟蛋，以及扁平文件夹抽屉里无数保存完好的鸟类标本。我爱上了这些鸟，特别是像松散宝石一样在盒子里滚来滚去的蜂鸟，但最后我还是因为老朋友而选择了鱼类。那成为我后来终于开始写的小说《跑》（*Run*）的开篇。

在回到哈佛为这篇文章做研究的几天后，我又去了纽约。弗里克收藏博物馆表示可以8点就开门，使我的朋友能去看一个展览——维米尔、伦勃朗和哈尔斯[1]：莫瑞泰斯皇家美术馆的荷兰绘画名作。她邀请我一起去。我站在只有维米尔《戴珍珠耳环的少女》（*Girl with a Pearl Earring*）那一幅画的展厅，没有别人，只有我的朋友和一位保安。我自然地想起那家最近也为我提前开放的博物馆，想起布拉斯卡用玻璃制作的精致的苹果花，想起高高长颈鹿那不同凡响的脖子。我突然震惊地发现，我爱那些花和动物，比我爱这个世界最著名的绘画之一还要多；我爱

1　弗朗斯·哈尔斯（Frans Hals，约1581—1666），荷兰现实主义画派的奠基人，也是17世纪荷兰杰出的肖像画家。

那厚木地板和玻璃展柜，比爱纽约最漂亮的房子还要多。

我能说的是，心灵知其所需，对于我来说，科学就是最出色的艺术。我对荷兰绘画并没有成见。那个女孩脸颊上的光画得精妙绝伦。我希望每个读者有时间去尽可能多的博物馆。但是，如果时间有限，只能去一个，我会推荐哈佛自然博物馆。

撰文 / 安·帕切特 *

哈佛自然博物馆

美国马萨诸塞州剑桥市牛津街 26 号

邮编：02138

哥本哈根的石膏模型
托瓦尔森博物馆，哥本哈根

A Plaster Cast in Copenhagen
Thorvaldsens museum, Copenhagen

五年前，我在那儿待了不超过一刻钟，但它给我留下了强烈而独特的记忆。作品本身，那几百个石膏和大理石的雕刻固然震撼，但它们所在的建筑，才是真正铭刻在我脑中的东西。我没有见过这样的东西：一个庞大的独自屹立的埃及庙宇，漆成明亮的赭色；外墙饰以浮雕人物，似乎在按序列移动，它们是奶油色、赭色和酱紫色的，映衬在黑色的背景下；施釉的内部回廊，雕像在光影条纹中忽暗忽明；围绕回廊，红色、绿色或紫色的房间纵向排列，就像囚房或马厩，每一间里都放有一尊白色大理石的英雄像或女神像。这些房间创造性的颜色规划，随着时间的流逝而褪色，看上去极为震撼。接下来是一个长方形的中心院落，饰有高耸的棕榈树浮雕，伟大的丹麦雕塑家巴特尔·托瓦尔森[1]就葬在那儿，就像是身处北方，却做了一个关于南方的梦。

我来哥本哈根参加一个书展时，我的丹麦出版商知道我对建筑感兴趣，建议我在乘飞机回家前至少看一眼这个"最有个性的"博物馆。那时我完全没有听说过托瓦尔森。博物馆的藏品展示了一位重要艺术人物的作品，尽管不能确切地说是主要艺术人物。他作品的新古典风格，以及对古风的理想化依赖，缺乏我最为珍视的表达个性。

托瓦尔森的父亲是个贫穷的木雕匠人，母亲则来自丹麦。他小时候被送到哥本哈根的丹麦皇家现代艺术学院，每个阶段都获过奖，并最终获得了大金奖章，以及游学奖学金。于是，1797年他前往罗马学习大理石雕刻（在丹麦这一艺术还不成熟），将这快速发展成一项成功的事业，并在那儿待了40年。可以将他跟济慈[2]对比一

[1] 巴特尔·托瓦尔森（Bertel Thorvaldsen，1770—1844），丹麦新古典主义雕塑家。
[2] 约翰·济慈（John Keats，1795—1821），英国著名诗人，代表作包括《恩底弥翁》《夜莺颂》《希腊古瓮颂》等。

下，他们都是出身平凡的天才，通过接受教育成为大师，但我在托瓦尔森身上没有看到济慈的那种丰富个性、那种亲切感或原创性。我不确定自己是否了解如何认识托瓦尔森的方法。我是否可以把他与同时代的卡诺瓦（Canova）分开？后者于1822年离世，是当时欧洲最著名、最受欢迎的雕刻家。

这个春天我再次来到这里，待了一整天，获得了比公众早入内一个小时的特权。我可以在光线强烈并穿过它们的时候以不同的角度再次观察它们并思考。自1848年开放后的近一个世纪以来，托瓦尔森博物馆只用自然光照明，在漫长的北方冬季，它必然是最神秘和阴森的地方。这些作品每天只有几小时于阴影中显露出来。在明亮的3月清晨，它们重新拥有了生命。

哥本哈根的城市本身由古老街道和广场的奇妙步行网络组成，各式各样的塔楼竞相争奇，成为满是临时围墙、路障、活动房屋和混凝土桩的地狱。新的地铁建成，交通被分流，在寒冷的清晨，街道被几千名骑自行车的人所占据，脸被风吹成了红色，他们还对那些不小心进入其车道的行人呼来喝去。在去博物馆的路上，我在哥本哈根圣母教堂取暖，它由严格的新古典主义宫廷建筑师 C.F. 汉森（C. F. Hansen）设计，于 1829 年完工。巨大而裸露的正堂拱顶饰有托瓦尔森的杰作——使徒雕像，但是人们直接就看向大祭坛，那里有巨大的耶稣像，耶稣的手伸开向下，以显示其圣伤。它让我感到冷，但它巧妙的是吸引观者向前迎接耶稣向下的凝视。雕刻的高贵与客观使它被无数次复制：仿制品装饰着盐湖城的圣殿广场以及其他美国摩门教堂。

在看到汉森精致但冷酷的作品之后，托瓦尔森博物馆的建筑似乎变得更加令人振奋。建筑全面彰显了自己的奇特。39 岁的建筑师 M.G. 宾德斯伯尔（M. G. Bindesboll）在此之前只有一件作品——在挪威的一座谷物干燥房。但是，在为丹麦第一家博物馆，也就是纪念其民族英雄的博物馆的竞标中，宾德斯伯尔的设计稿新颖、充满活力，一起参与竞标的不乏著名建筑大师，但是最后他胜出了。时代在变迁，而宾德斯伯尔似乎走在时代的前面。丹麦的君主专制政体于 1848 年结束，博物馆正是在那一年开放，与旧秩序相适应的学术经典主义被颠覆，被色彩丰富的、折中主义的和新的民主之光重新演绎。宾德斯伯尔走遍了希腊和土耳其，他对色彩装饰的喜爱展现于他在那里的绘画中，也融入了这家博物馆生动的装饰风格里。

博物馆的正面像寺庙，有五个巨大的铺陈开来的门道，用白色在赭色背景上标出来，还有高大的、令人愉快的梯形棕色大门——这个形状在所有四个立面都被重复。正是它们使这座希腊罗马式建筑外观有一种埃及的感觉。艺术家约根·索尼（Jorgen Sonne）的两排浮雕环绕于建筑的三个立面，讲述了博物馆自己的故事。在第一部分，我们看到托瓦尔森于 1838 年回到丹麦。兴奋的人群聚集起来向他挥手；在其中一幅石板画中，一位妇女落水，人们正帮她上船。托瓦尔森自己在最后一幅石板画中上岸，受到名人和朋友们的迎接，在他后面，穿着淡紫色上衣、戴着白色帽子的水手们将自己倾斜的黄色船桨举到空中。绘画是生动和清晰的，无名人物的脸庞是更坚毅而非英俊的，但有些夸张。所有的行动都在黑色的天空下展开，奇怪的是，颜色规划得大胆强劲且充满魅力。

回到哥本哈根的托瓦尔森宣称，如果能建造一个专门存放其作品的博物馆，他将把自己罗马工作室的东西，以及自己大量的古董和绘画收藏捐献给国家。在另外两翼浮雕中，我们看到无数这些物品的到来，以及运载它们的护卫舰，停靠在这座建筑的一个角落。先是在划动的船只上，然后是在原始的四轮马车和担架上，出现了托瓦尔森极富创造性生涯里积累的战利品。其中有罗马凯旋的回响，但是推动和举起战利品的市民们自己就是胜者，或者至少是受益者，他们像先辈一样赤着脚，但也穿着现代马裤、马甲，袖子卷起。跪着的大理石司酒美少年们戴着的倒圆锥形的帽子，与监管其运输的工头的红色尖帽一起跳动。沉思中的拜伦爵士靠着一个破裂的希腊立柱，笔提到腮边，周围有五个各忙各的人。普通人在照顾贵族的艺术作品。他对他们的欣赏仍是一种推测：潜在的嘲讽与致敬的表达共存。一组人在休息，因运送哥白尼（Copernicus）雕像而拭去眉毛上的汗。另一个人每条胳膊下夹着一座半身像，自身的形象可与它们媲美。很难去诠释这种既普通又重要、既欢乐又严肃的装饰，这样的装饰对博物馆的内容是一种不同寻常的宣传，就像宾德斯伯尔说的，"与动物园的标志一样"，凸显了里面展示内容的亮点。

在楼上的画廊里，有一幅弗里德里奇·纳利[3]的绘画，显示在艺术进程早期阶段所涉及的运输。一块巨大的大理石，上面标记着"托瓦尔森罗马"，被六头筋疲力尽、近乎崩溃的水牛从采石场沿路拉运。我们感觉接下来会发生一些超乎寻常的事情。在另一幅绘画中，我们看到教皇利奥十二世到访托瓦尔森的工作室，在庞大的白色雕像群中，他只是一个小小的粉色人物。（艺术家似乎是在把教皇介绍给耶稣。）托瓦尔森和他的助手们通常使用巨大的原材料进行创作。但是，博物馆里最大的作品往往是石膏制品——常常是为大理石作品做模型的原始石膏，所以更贴近艺术家最初的视角，它们都有着仅仅是复制品或石膏模型的模棱两可的气质。不过，因为它们是石膏，在近 200 年的时间里，被当时罗马工作室的壁炉和蜡烛烟雾，以及现代生活的各种污染物改变了颜色，呈现出不同程度

3　弗里德里奇·纳利（Friedrich Nerly，1807—1878），德国画家。

的肮脏，许多小一些的半身像看起来像是因不断被处理而变黑，但实际上它们只被空气拂过。这需要一些时间来适应，而并排展出的无暇白色大理石雕像使其特征更为凸显。

巨型的作品需要巨大的房间，这里有两个这样的房间，其中一个像教堂一样，放置着《耶稣和十二门徒》（*Christ and the Twelve Apostles*）的原始石膏，年轻的学生们喜欢在这里集合。另一个更大的厅原本是入口，在那五个大门后面有整座建筑那么宽，其桶形高拱顶和阁楼式的窗户让我觉得有些像某些庞大新古典主义火车站的广场。

在房间的两端，各有一个骑马的人物为主导，人物雕塑规模宏大，显得极为震撼。他们每个都有15英尺高，并被结实的底座支撑得更高。左边，约瑟夫·波尼亚托夫斯基王子[4]穿着传统服装，骑马向前，就像超大号的罗马皇帝马可·奥勒留[5]，不过他挥舞着一把剑而

4 约瑟夫·波尼亚托夫斯基王子（Prince Josef Poniatowski, 1763—1813），波兰最后一位国王之子，波兰军事领袖，曾作为拿破仑的同盟参加法国对俄国的战争。

5 马可·奥勒留（Marcus Aurelius, 121—180），罗马帝国最伟大的皇帝之一，不但是一个很有智慧的君主，同时也是一位伟大的思想家，代表作为《沉思录》。

不是伸开手掌指挥。面对着他的是巴伐利亚选帝侯马克西米利安一世[6]，剑还在鞘中，但是他的右手指向上前方，气势恢宏地向我们逼近。波尼亚托夫斯基是专为华沙设计的，马克西米利安则是为慕尼黑。在他们之间，沿着墙壁有为华沙制作的坐着的哥白尼，和为教皇庇护七世（Pope Pius Ⅶ）在圣彼得大教堂的墓碑所做的设计。这里就像某个特别的万神庙。托瓦尔森似乎不为其对象或资助者的意识形态困扰，但是一位丹麦新教徒接受教皇坟墓的委托明显是具有争议的。波尼亚托夫斯基纪念碑屡遭破坏，沙皇尼古拉一世（Nicholas I）曾想毁掉它，1944 年纳粹撤离华沙时，将其炸成碎片。在我看来，它既充满力量又难以捉摸，因为托瓦尔森对这个雕塑对象令人兴奋的戏剧性结局（为了在拿破仑撤退期间不被活捉，他骑着马冲进埃尔斯特河）进行了个性化的升华，使之更像一个不朽但没有什么个性的贵族领袖。委托方原本要求波尼亚托夫斯基身着波兰骑兵服，他所骑的马在进行最后一跳前直立起来。托

6　马克西米利安一世（Maximilian I, 1573—1651），出生于慕尼黑，1597 年获得巴伐利亚大公的封号。

瓦尔森极为不同的概念令人印象深刻，甚至颇有启发意义，但绝无戏剧性。

了解作品背后的故事当然有所裨益，对于我来说，这些作品的遥远感部分是因为零零散散的经典教育。在一些较小的房间里，我因为这种距离感而备受打击，但也因为克服了它而深受感动。有一尊著名的、放在树桩上的雕塑《墨丘利》（Mercury）：精致的年轻形象，有着完美的面庞，以及小得令人担心的生殖器。他在吹排箫，正把乐器拿开唇边，另一只手则正从背后把剑拔出剑鞘，他刚用排箫的音乐将阿耳戈斯[7]催眠，正准备杀他。这使这个戴着有翅头盔的优雅年轻人更具画面感，托瓦尔森没有挑选一个戏剧时刻，而是选择了两个行动之间紧张的平衡。我还需要更走近一些去看英雄的耶稣，迎上他那非常可怕的空洞眼睛的向下凝视。

这些作品在它们最被称赞的时候是如何被看待的，这是个有趣的问题。在博物馆刚开放时，由于有裸露的人

[7] 阿耳戈斯（Argus），古代希腊神话里的一位巨人，长着100只眼睛，可以观察到所有方向的事物。

像，某个年龄之下的儿童是不被允许单独进入的。在附近的一个房间，有一尊极好的雕塑《拿着金羊毛的杰森》（*Jason with the Golden Fleece*），除了拖鞋和头盔以外，他什么也没穿。从房间另一边看着这件作品的，是富裕的盎格鲁－荷兰艺术收藏家托马斯·霍普（Thomas Hope）的半身像，他委托了这件作品，使得年轻的托瓦尔森能够留在罗马。托瓦尔森用了 25 年时间来制作《拿着金羊毛的杰森》这一大理石雕塑，它既是一件卓越的作品，也是其在罗马职业生涯的某种象征。附近还有霍普的妻子和他的两个儿子。和许多其他半身像的对象一样，霍普测试着托瓦尔森的新古典主义密码；我们看到的是传统式的裸体（像拜伦、弗雷德里克六世[8]那样伟大的人，也许穿着长袍，或者在裸露胸膛上佩有剑带），但是人像要求与真人相似，这里体现这一点的就是繁茂的摄政王式络腮胡。杰森和其所有者，以及其所有者的妻子和孩子的关系，有一种历史辛辣感，甚至有些微的喜剧性，通常托瓦尔森宁愿我们看不到这

8　弗雷德里克六世（Frederick VI，1768—1839），1808—1839 年为丹麦国王，1808—1814 年同时为挪威国王。

一点。

　　楼上有六幅托瓦尔森自己的肖像画，从肖像画来看，托瓦尔森像一头狮子，是一个不可抗拒的对象。他有着最具魅惑力的灰色眼睛（这是他为自己雕刻的作品所不能传递的一样东西），从年轻到年老的肖像都一贯如此，以至于对这双眼睛的强调不仅仅是浪漫的夸张。事实上，这些肖像画倾向于用一种艺术性的逼真来表达自己，我们可以觉察出颜料与大理石的不同。从一个展厅到另一个展厅，游荡在他的作品和收藏品之间时，人们意识到，这一卓越之地存在的原因和必要条件，是他的眼睛。

撰文 / 阿兰·霍灵赫斯特[*]

托瓦尔森博物馆
丹麦哥本哈根巴特尔托瓦尔森广场 1213 号

洋娃娃的大皇宫
玩偶博物馆，巴黎

Palais of the Dolls
Musée De La Poupée, Paris

巴黎玩偶博物馆距离蓬皮杜中心只有 5 分钟路程。你从交通的拥挤和喧闹、外国学生的尖叫和呼喊以及卖"我爱巴黎"T 恤的店铺离开，埋头走进一条非常小的巷道，那里有前往玩偶博物馆的标志。走进这座博物馆就像直接踏进维多利亚时代的故事书。

博物馆是由基多（Guido）和萨米·奥丁（Samy Odin）这对父子创建的，他们试图为其不断扩大的古董玩偶收藏寻找完美的展示空间。这里有在玻璃橱柜里漂亮小舞台上 500 个玩偶的常设展，频繁更换主题的展览，一个充满各种生日宴会布置的房间，一个玩偶医院和一家商店。正如萨米·奥丁伤心地承认的那样，所有小型专业博物馆今天都非常脆弱，许多玩偶博物馆不得不关闭。但我非常希望位于贝尔多胡同的这家玩偶博物馆能一直开放下去。

我第一次去是跟女儿爱玛（Emma）一起，那是近 20 年前。爱玛那时已经成年了，但我们一直都喜欢玩偶。当她还小的时候，我常带她去波洛克玩偶博物馆和在贝思纳尔·格林（Bethnal Green）的童年博物馆。我喜欢给她读鲁默·戈登[1] 令人着迷的玩偶故事，我们都喜欢《小妇人》（*Little Women*）里贝丝（Beth）磨损了的玩偶，并嫉妒《小公主》（*A Little Princess*）里莎拉·克鲁（Sara Crewe）华丽的玩偶艾米莉（Emily）。

我们家族似乎一直对玩偶着迷。爱玛童年时收藏颇丰，并对一些小小软软的布娃娃情有独钟，她还喜欢一个表情非常空洞的法国娃娃苏菲（Sophie）。我自己的第一只玩偶是个漂亮的婴儿娃娃，名字叫杰妮特（Janet）。最初，娃娃是漂亮的粉红色的，但随着时间的流逝，变得越来越黄，但我还是很爱

---

[1] 鲁默·戈登（Rumer Godden，1907—1998），英国作家，著有 60 余部虚构和非虚构类作品，其中 9 部被改编成电影，最著名的是 1947 年的《黑水仙》（*Black Narcissus*）。

她。我的母亲比迪（Biddy）曾带我去哈姆雷斯玩具店[2]看圣诞玩偶，并尽其所能每年给我买一个。我们的钱很少，住在平民公寓，在没有冰箱、洗衣机、电话和汽车的情况下生活，但我的穿着无可挑剔，还有可爱的玩偶。比迪自己也收集古董娃娃，最开始是一个长头发的阿尔芒·马赛[3]瓷娃娃，这是她在二手用品商店花 10 先令买的。当我还是个小女孩的时候，我最爱梳这个可怜娃娃的头发，导致她脱发，不得不戴一顶遮阳帽来掩饰其光秃秃的头顶。

我的祖母希尔达·艾伦（Hilda Ellen）也热爱玩偶，她有一个特别大的德国瓷娃娃，叫马伯尔（Mabel）。希尔达·艾伦几乎没有其他的玩具。她非常像我笔下描绘的那些无家可归和误入歧途的人，幼年失去了母亲，7 岁时就被迫进入各种不恰当的关系。我喜欢听她讲述她小时候的故事。当我的曾祖父再婚，新妻子生了两个孩子后，他把少年希尔

2　哈姆雷斯（Hamleys）玩具店是英国历史最悠久的玩具店，创立于 1760 年，坐落于伦敦摄政街。

3　阿尔芒·马塞（Armand Marseiue）是一家从 1885 年开始生产玩偶的公司，位于德国图宾根，其玩偶的头部均是用手工陶瓷制成的。

达·艾伦重新叫回来，充当不用付钱的保姆。某个圣诞节，当地慈善机构给了她这个漂亮的瓷娃娃，这一直是她最珍贵的东西，即使她年纪已经太大，不适合再玩它了。

我的曾祖父是个汽车翻新商，是个永远的机会主义者。那时正值战时，市面上明显没有新的德国玩偶。他决定与一个同事一起成立自己的玩偶工厂。他根本不知道如何制造玩偶，所以尽管希尔达·艾伦抗议，他还是斩首并肢解了马伯尔，只为了看看它是如何被构造的。

我想马伯尔并没有白白"死"去，因为我曾祖父的玩偶制造企业纳恩 & 斯密德（Nunn & Smeed）在 1915—1927 年是相当成功的。他们并不停留在以马伯尔作为原型上，而是开始创造自己的特别玩偶，在膝盖处安装弹簧铰链，让它可以行走。在《波洛克英国玩偶辞典》（*Pollock's Dictionary of English Dolls*）里有一张照片，展示了这个并不十分吸引人的娃娃在愉快地"行走"。

但它没能在玩偶博物馆里向其漂亮的法国姐妹们举起蜡烛。爱玛和我在巴黎的时候，每年都去看它们。这是我们小小的思乡补偿。对于许多母女来说，这明显是一场特别的旅行。到博物馆参观的孩子们看起来都那么可爱——礼貌、安静的小女孩，戴着爱丽丝式发带，穿着无袖连衣裙和雪白的袜子，专心地盯着每个玻璃柜看，小声地提着聪明的问题。

萨米·奥丁告诉我，他希望明年能重新装修博物馆，但我希望博物馆能保持原样，玩偶们挤在展柜里，玩偶们的婴儿车和家具在柜子顶上保持平衡。走进博物馆，你看到的第一样东西是一个非常大的玩偶之家，内有 20 个穿着不同衣服的娃娃：水手服、苏格兰服装、布列塔尼服装、第一次领圣餐的服装，甚至是聚会穿的快乐小丑服。这些都是根据杂志《叙泽特周刊》(*La Semaine de Suzette*) 中非常流行的小玩偶布鲁埃特（Bleuette）的样子做成的。布鲁埃特有着素陶色的头，不足一英寸高，这种欢乐的小东西在其装修精致的家中被展示。甚至还有一个小鸡毛掸子，来保持其房间一尘不染。

看着看着，很容易就觉得自己被吸入了它们的小小完美世界。安静的博物馆里，时钟的嘀答声很响，让人感到仿佛回到了从前。在你看到常设展里唯一的现代玩偶时，这种时间穿梭感会增加，它们是凯瑟琳·德弗（Catherine Dève）根据萨米·奥丁还是个小男孩时的家庭照片制作的肖像玩偶，奥丁的母亲薇拉（Vera）和祖母马德琳（Madeleine）都只有 5 岁的样子，一起与自己的玩偶愉快地玩耍。

薇拉在萨米幼年就去世了，是基多一手把他带大的。他在意大利阿尔卑斯山的一个村庄里有摄影工作室，曾拍摄了许多穿传统服装的女性。他用服装和盛装的玩偶有想象力地展示自己的照片。有人给了基多一个老旧的玩偶让他修理，少年萨米对此着迷了。基多在萨米生日时送给他一本关于玩偶的英文书，觉得这对他的语言可能会有所裨益。他们两人因此对玩偶产生了热情的兴趣，并开始了收藏。

萨米学了文学，成为一位老师，而基多继续摄影和设计戏剧服装。在古董玩偶需要新服装时，他的缝纫技术极为有用。后来他们开始展出自己的玩偶，并于 1994 年成立了玩偶博物馆。两个男人继续收藏并出席全球的玩偶会议。萨米已经写了许多关于玩偶的书——并把他的主要著作《迷人的玩偶》(*Fascinating Dolls*) 充满感情地献给"基多·奥丁，我的父亲，他使这个奇妙的冒险变得可能"。

奥丁一家的收藏广泛而多样，展览的安排费尽心力，以取悦和指导孩子们。有一个柜子展示玩偶可以用于不同目的，甚至代表名人。我喜欢穿戴整齐的玩偶莫里斯·切瓦力亚（Maurice Chevalier），它是用弹力织物套在纸盒上做的，有描绘得十分生动的脸和可脱掉的衣服——尽管想象小莫里斯被脱到只剩内裤，似乎有一点无礼。还有一个显眼的粉色睡衣娃娃，就在 19 世纪 70 年代的漂亮算命娃娃旁边，后者有一个可旋转的头，还有一个用多张折起来的算命纸做的宽大的裙子。有木头的、陶瓷的、蜡的、羽毛的、赛璐珞（papier-mâché）的、橡胶的娃娃，还有小而精致的纸娃娃——它在 150 年里神奇地没有被撕掉，保存完整。有像孩子那么大的瓷娃娃，还有小到只有拇指那么大的小娃娃。这些可以装在口袋里的娃娃是模型玩偶公司出售的，被称为"娇人"（Mignonnette）。小女孩们可以为它们制作各种服装。我最喜欢的是一套奇特的埃菲尔铁塔服饰：小娇人穿着粉红的裙子，装饰着银色的辫子，印着 1889 年的日期，在她的红褐色卷发上展示着一个埃菲尔铁塔模型，就像小丑帽一样。

19 世纪的女士玩偶穿着精致，通常有着小手提袋、阳伞，戴着小羊皮手套，拿着小扇子和看戏用的眼镜。一个非常漂亮的 19 世纪 60 年代斯坦纳娃娃穿着黑色和浅绿色丝质裙子，明显早已进入青春期，但是她举起两臂，向左向右"滑动"，叫起"爸爸妈妈"时像个刚会走路的婴儿。她的机械仍运作良好，浅蓝色眼睛和金色头发毫无瑕疵，因为以前的主人每年只有一天把她从盒子里拿出来玩。

婴儿玩偶的展柜也很有趣，15 个大小不同的婴儿被两个成年玩偶照顾着。一个是穿着由基多特别制作服装的保姆，另一个是漂亮的精灵女王。她的头冠镶嵌了宝石，丝质罩袍装饰有珍珠，还有两条非常长的金色辫子。她看起来可以使所有婴儿着迷，不费吹灰之力就能让他们保持安静，但是为了以防万一，一个吃奶玩偶嘴里被塞上了木质的奶嘴。

在一个巨大的海边场景里有更多的婴儿玩偶，一大群裸体赛璐珞玩偶在绘制的海前搭建沙城堡。他们旁边放置着漂亮的成套塑料野炊用具——但是没有食物！还有一个学校场景展示个性婴儿，其中一个快把脑袋都摇掉了，另一个戴着被罚时用的帽子，各坐在一个有小墨点的木头桌子前。

这些精致的展示令小参观者们很高兴——但这也是一个令所有严肃玩偶收藏者感兴趣的博物馆。奥丁家族对其收藏的朱莫婴儿玩偶特别骄傲。它们不是真正的婴儿玩偶；而是小女孩（偶尔有小男孩）玩偶，制作精良，相貌美丽。朱莫玩偶制造企业于19世纪40年代由皮埃尔·弗兰科斯·朱莫（Pierre François Jumeau）创立，他的儿子埃米尔（Emile）将企业发展壮大，生产的漂亮玩偶在19世纪70—90年代颇受赞誉。玩偶的头由细高岭土团制成，在模具中成型，然后被小心地涂成浅粉色。它们的眼睛相当逼真，是用彩色玻璃制成的。朱莫坚持其工厂工人学徒时间要足够长，以保证其熟练程度，并聘用是孤儿的小女孩，使她们有机会学习一门手艺。

萨米最喜欢的是初版朱莫肖像，那是19世纪70年代晚期制作的第一批系列中的一个。它有25英寸高，非常苍白和精致，有漂亮的蓝色眼睛和深金色发卷。它穿着干净的原版服装——一件有蕾丝装饰的红裙子，上面有凯特·格林纳威[4]绘制的纹样，还配有白色的波点丝袜和黑色绑带皮鞋。它甚至还戴着小小的黑色大理石耳环。他还喜欢一个约10.5英寸的金发婴儿小玩偶，它穿着奶白色的裙子，饰有褐色丝绒缎带和与其眼睛颜色相配的蓝色皮鞋。这两个娃娃被其原来拥有者的家庭所保存和珍视，只在非常特殊的场合才拿出来展示。

朱莫婴儿玩偶的嘴可开可合，有着像珍珠一样的小牙齿。收藏中有个很大的19世纪90年代的开嘴玩偶，戴着浅粉色的漂亮太阳帽，穿着丝质裙子。它笑得很甜美，但表情有一些不协调，因为它的眉毛与弗里达·卡罗[5]一样异常浓厚。我最喜欢的是长脸朱莫婴儿玩偶，它们拥有独特的沉思表情。有一个保存得很好的玩偶，它穿着绿色和红色的水手服，戴着粗俗的红色草帽。但是那个最大、有30英寸高的婴儿玩偶，才是我最喜欢的。它有着长长的金色卷发和大大的褐色眼睛，戴着浅绿色丝质帽子，上面

4 凯特·格林纳威（Kate Greenaway, 1846—1901），英国维多利亚时代最有影响力的童书插画家。她喜欢画可爱的孩子、母子亲情，人物形象甜美，透着乡村的浪漫气息。

5 弗里达·卡罗（Frida Kahlo, 1907—1954），墨西哥著名女画家。

别着一朵绸缎玫瑰，相匹配的裙子边缘大量装饰着奶油色的蕾丝。基多和萨米在一场公开拍卖上为它竞价，最终的成交获得了全场的掌声。

不是所有的玩偶都被同时展出。萨米和基多在宽敞的橱柜里有许多精美的个人收藏。我看过一对朱莫婴儿玩偶的照片，它们那天空一样的蓝色眼睛极能打动人。它们原来的主人是克莱尔（Claire）和波琳（Pauline）两姐妹，在 11 岁生日的时候每人收到一个漂亮的朱莫玩偶。想想现在将一个玩偶给 11 岁的孩子！但是克莱尔和波琳显然与玩偶们进行了精心设计的游戏，用丝绒大衣和相配的帽子来打扮它们，用自己的小瓷器餐具给它们准备许多小小的菜肴。我确定她们喜欢帮玩偶们睡前洗漱，用她们自己的小小脸盆架，可能还有迷你的瓷便壶。

博物馆里的许多玩偶都在与小狗或泰迪熊玩耍。有一只小史泰福[6]泰迪熊看起来像经历过战争。它看起来表情悲伤，一只胳膊和一条腿被小心地包扎起来，它是伊迪丝·科伊逊（Edith Coisson）捐赠的。伊

6 史泰福（Steiff）是拥有 150 多年历史的德国品牌，是目前世界上最具有收藏价值的泰迪熊品牌。

迪丝在意大利开设了一家孤儿院，她给每个新来的孤儿一只小熊以安慰他们——直到另一个孤儿到来。也许这只熊是在两个孩子的争夺中受伤的。

当我和爱玛参观时，有一些 20 世纪二三十年代的伦奇布娃娃在展出，我觉得它们有点令人害怕。它们通红的面颊、嘟起的红嘴唇和超级卷的头发，让我想起某些美国选美比赛中可怕的孩子。相比之下，我们更喜欢现代的玩偶，好像它们是我们的老朋友一样：有曾经挤进爱玛拥挤玩偶小房子的荷莉娃娃，以及与它的小娃娃苏菲长得一模一样的洋娃娃，它没有嘴，纽扣眼睛又大又黑，浅金色头发非常长。还有一套 20 世纪 60 年代的辛迪斯（Sindies）娃娃，就像是《广告狂人》（*Mad Men*）里主角的模型。

我觉得这是玩偶博物馆魅力的一部分——有一种再相逢的小激动。它对于我有一种额外的共鸣，因为在这里，我成熟能干的女儿突然变回很久以前的那个小女孩，头发内卷，穿着条纹棉布衫，求我与她一起玩娃娃。

很难准确解释玩偶的魅力。巴尔扎克在他的书桌上放着玩偶之屋里的藏品，说它们能帮助他创作小说的人物。但一些人觉得玩偶的玻璃眼睛不太协调，害怕它们小小的向外伸出的手指。我觉得玩偶颇具吸引力，但我不会在自己的书中写玩偶，因为大部分女孩在开始上初中时就远离它们了。不过，在我最近正在写的一本书中，有一个儿童主角名叫罗莎林德（Rosalind）。其中一章里，她回到了爱德华时代，与 E. 耐斯彼得[7]作品中的人物相见，她在这些人物的幼儿园里与他们一起玩瓷娃娃，度过了美好的时光。

撰文 / 杰奎琳·威尔逊*

玩偶博物馆

法国巴黎伯哈塔德巷，邮编：75003

7　E. 耐斯彼得（E. Nesbit，1858—1924），英国作家、诗人，著有60余部儿童文学作品。

敖德萨之爱
敖德萨文学博物馆，敖德萨

The Odessaphiles
Odessa State Literary Museum, Odessa

他故事里的讲述者很微妙，行文轻描淡写，也许是受此影响，对于我来说，敖德萨文学博物馆中伊扎克·巴别尔（Isaac Bable）黑白照片里的微笑，看起来都很讽刺。在略微了解其人生及结局后，很难不去怀疑巴别尔正在构想的讽刺对象之一也许是成功的短暂。看着钉在墙上的金属框眼镜，我想象着就在秘密警察把巴别尔带往卢布扬卡时，他戴的正是这副眼镜。

巴别尔是敖德萨最著名的文学之子。但这个坐落于浅蓝色沙皇时代皇宫中的绝佳博物馆并不只为敖德萨，或其神奇而可怕的历史而建，尽管它包含了这两部分内容。由于它的位置在黑海边上，许多帝国的伟大作家曾被流放到敖德萨，通过这里的港口逃走。这座博物馆实际上也是俄罗斯文学博物馆，也是艺术的博物馆：充满了天才和勇敢，鲜血和谎言。

有许多博物馆是为纪念某位著名作家而建的，但是单纯为文学而建的却很少。这座博物馆由藏书家尼基塔·布里金（Nikita Brygin）创立。博物馆位于海边的一座宫殿里，虽然天花板有裂缝，但是吊灯和浮雕变幻出这座为贵族舞会而建的宫殿的气质。布里金派遣了一支由年轻女性组成的队伍，前往苏联各地获取所需收藏的作者物件，并将这些物件安排在一楼明亮的房间里，通过巨大的双向楼梯即可到达。博物馆于 1984 年开放。今天，这里的工作人员年纪也都很大了，他们的固执在不常到来的参观者出现时转化为关切的热情。这个地方是以爱来运行的。

对于我来说，这是我作为驻外记者在俄罗斯游历岁月的纪念——那是我人生中最激动、最受挫、最悲伤也是最享有特权的时光。当我 2006 年第一次来时，我爱上了敖德萨和这座博物馆，但是我关于这次旅行所写的故事却是灰暗的，讲述的是港口走私和水陆码头上的人口贩卖。一位帮助被拐受害者的慈善组织女士教我如何从来自伊斯坦布尔的船上下来的乘客中找出这些受害者：饥饿、羞愧的表情；没有行李；服装与季节不符。人口贸易是敖德萨声名狼藉的黑暗一面。

这个城市的坏名声要部分归罪于普希金。他的《叶甫盖尼·奥涅金》（Eugene Onegin）是在敖德萨开始写作的，在手稿边缘随手画上了一些与他上过床的女人。博物馆展出了复制品，上面可以看到大量的删改。你看那些素描，似乎可以看出年轻的诗人对自己的天赋感到厌倦。传说普希金在圣彼得堡被沙皇驱逐后，与敖德萨总督的妻子瓦蓝佐娃（Vorontsova）公爵夫人有过一段情史。他在当地还有一位情人卡罗琳娜·索班斯卡（Karolina Sobanska），后者一度也是亚当·密茨凯维奇（Adam Mickiewicz，一位重要波兰诗人）的情人，并长期担任沙皇秘密警察的间谍。瓦蓝佐娃公爵、愤怒的总督派遣普希金去写一篇关于蝗虫泛滥的报道，然后将他永远逐出该城。

从芳香的街道和有暗示意味的格状阳台，你仍能感受到敖德萨带有异国风情的紧张感和潜力。我的小说《雪花》（Snowdrops）将大部分场景设置在莫斯科，叙述者尼克·普拉特（Nick Platt）在临近结局时前往敖德萨。尼克习惯自我欺骗，是个宿命的好人。他在这里说："你可以用某种方式使事情比它们的真实情况更好。你可以使事情变成你想要的样子。"敖德萨是说谎者的温床，似乎是适合他的地方。

但是，和许多港口一样，敖德萨既代表着自由，也代表着污秽。革命者及其思想与走私物品一起被贩卖。博物馆的每个房间代表着城市知识分子历史的一个阶段，通过家具和设计唤起特定年代，通常集中于某个独特的类型。在描述 19 世纪五六十年代的房间里，有几期亚历山大·赫尔岑（Alexander Herzen）在伦敦流亡时出版的周刊《钟声》（The Bells），它通过敖德萨的港口被私运进俄国。

事实上，自由正是敖德萨的意义所在。叶卡捷琳娜二世于 1794 年将它设立为自由港，它很快

成为世界上也许是最为国际化的城市，吸引了希腊
人、波兰人、德国人、意大利人、土耳其人、亚美
尼亚人、逃跑的农奴以及从俄国其他地区逃离反犹
太限制的犹太人。即使是今天，有着地中海建筑和
后苏联时代摇摆不定特色的敖德萨，似乎也属于许
多其他地方，同时又仅属于它自己。多种语言的诗
歌和辩论、对外斗争中被遗忘的英雄和少数民族的
大师之作，都在博物馆的画作和手稿中被铭记。

与圣彼得堡的寒冷不同，敖德萨气候温暖宜
人，除了天气，这座城市在其他地方与圣彼得堡也
颇有些不同。圣彼得堡是"预谋之城"，就像陀思
妥耶夫斯基所说的那样，是彼得大帝在奴隶的鲜血
和骨头上建造起来的，而敖德萨则是通过商业自发
成长起来的。

后来，鲜血到来了。在 20 世纪之交，该地区
有过大屠杀，然后又有俄国革命。在博物馆里，你
可以坐在从伊万·蒲宁（Ivan Bunin）房间中抢救出
的梳妆台前，在他的镜子中凝视自己，也许能想象
你在《诅咒岁月》（Cursed Days）所描述的谣言和
暗杀混乱中会如何应对，做出什么样的妥协。镜子

的一半被贴上了信件和家庭照片，剩下的玻璃是斑驳的。那些污渍不是血，但让你想到了血。

蒲宁写道，革命的敖德萨是"死亡、燃尽的城市"，是一个潜伏着携带手枪和短剑的游民和酒鬼的梦魇之地。他对革命剧变的描述相比谢尔盖·爱森斯坦（Sergei Eisenstein）要更为可靠一些，后者1905年的《战舰波将金号》（*Battleship Potemkin*）出色但疯狂地撒谎，是海军叛变的宣传版本。电影有一个著名的镜头，是婴儿车从敖德萨的海边大道台阶上侧翻入水。在博物馆关于20世纪20年代电影和戏剧的展厅里，展示了一幅爱森斯坦的漫画素描，以及该影片上映时的海报。

被恐惧和堕落耗尽精力的蒲宁，于1920年搭乘法军撤退的最后一条船离开了敖德萨。几年后，伊扎克·巴别尔发表了《敖德萨故事集》（*Odessa Tales*），这是奠定其声名的短篇小说集之一，小说描绘的情景已经被斗争所吞噬。

他们都来到敖德萨——所有我尊敬的俄罗斯大作家。果戈理因为健康问题来到南部。博物馆似乎将他供奉了起来，用暗色十字形的书架和有华丽装

饰覆盖的墙形成了模糊的壁龛。契诃夫在前往和离
开流放地库页岛时经过这里，托尔斯泰也是如此：
在收藏的其中一张照片中，年轻的作家似乎和那颇
具标志性的、留胡须的智者相隔有一生的距离。至
少，几乎所有人都来过。比较著名的例外是陀思妥
耶夫斯基，他从未到过敖德萨——这也许可以说明
些什么。

　　苏联时代的大师也是如此。安娜·艾哈迈托
娃（Anna Akhmatova）出生于此。马雅可夫斯基在
这里恋爱，正如他一首诗中记录的那样："它发生
了。它发生在敖德萨……"在博物馆收藏的一张
照片中，可以看到他那一张疯狂的脸。在博物馆
旁边的雕像花园里，住着死去的作家和活着的猫，
有一座墓碑是给弗拉基米尔·维索茨基（Vladimir
Vysotsky）的，他是一位最杰出的诗人，能叫醒地
狱里的俄罗斯歌唱家。维索茨基还是个演员；他在
敖德萨的工作室里制作电影，歌唱来到这里的渴
望。如果可以穿越回到过去，我会选择维索茨基在
20 世纪 70 年代半秘密的表演。

　　但是，对于我来说，1894 年生于敖德萨的巴别

尔是占主导地位的天才。因为我自己是犹太人的关系，敖德萨的故事添加了另一层的黑暗和光芒。我的第一部书是关于我的犹太祖先在19世纪末如何从那时的加里西亚——现在的乌克兰西部，迁移到伦敦东区的。任何研究当时那一地区犹太人生活的学者都会邂逅老敖德萨的传奇。它曾经是欧洲伟大的犹太城市之一，是19世纪末维也纳某种粗鄙的、商业化的版本：自信、开明的犹太人孵化器，歌剧和唱诗班音乐交融，犹太家庭派到世界各地的小提琴手和投机分子比例几乎相同。在20世纪初的伦敦，我发现有一个令人害怕的犹太团体，就叫"敖德萨人"。

后来，我读了巴别尔的《敖德萨故事集》，它色彩丰富的早期版本在博物馆里堆在巴别尔的照片旁边。故事集描述了那些穿着带有香气的内衣、挥着黑色扇子和用金币下注的女人；以本雅·克里克（Benya Krik）——本雅王——敖德萨犹太团伙头领为主角。本雅在其妹妹婚礼当晚烧掉了警察局。"每个人都会犯错误，即使是神。"他告诉一位孩子的母亲，她的儿子刚刚被其小喽啰一枪杀。当你厌倦了敖德萨的宫殿，你可以参观一下本雅曾居住过的街区莫尔达万卡（Moldavanka），看看那里的院落，现在它被落水狗、吵闹的孩子、制造古老汽车的男人以及从小破屋走出来但看起来却拥有200万美元的年轻女人们所占据。

我已经准备根据我自己的理解欣赏巴别尔了，但是我想，还要根据我的职业背景。对于我来说，巴别尔是记者转为小说家、作家的杰出代表。他在1920年波兰-苏联战争期间担任记者，与哥萨克骑兵一起骑马战斗，这对于犹太知识分子来说是不太常见的。此后，他将这些经历写成了《红色骑兵》（*Red Cavalry*），那是一本可怕的战争故事集，是他最好的作品。此后他发表的东西很少，危险地将自己称为"掌握了沉默风格的大师"。

巴别尔于1940年被枪决，与博物馆提到的一些不那么知名的作家差不多被害于同一时期，这些作家中的某些人本来有可能与他一样有名。不久后，犹太敖德萨在战争中被摧毁，即使根据"二战"的标准，也不忍卒视。战争及其文化影响在博物馆一楼的多个展厅被展示。那里有被炸毁的街道和士兵们的照片；还有不那么引人注意的来自罗马尼亚占领者对犹太人聚集和反犹的命令。像许多犹太人一样，当我看到这些冷漠的屠杀文件时，一种淡淡的非理性感觉产生了，认为我也可能包括在其中。

从某种程度上来说，博物馆中关于巴别尔的内容出乎意料地少。但也许这正应该是它本来的样子。自 20 世纪 80 年代以来，展览大体上没有任何变化。那时巴别尔已经被平反，但他仍然不是一个完整的人。展出的巴别尔的照片中，并不包括他被捕后拍的那些面容憔悴的嫌疑犯照片。

博物馆的创始人布里金于 1985 年去世，没能看到它完成的样子。即使没有他最后的指导，展览在某些方面于那个时代也是大胆的，不管是在设计还是在内容上。但是它仍是时代的产物。也许这使它更有价值。就像这座城市一样，人们赞美它的历史和文化，但它仍有不为人知的一面。

我在俄罗斯的经历拓宽了我的文学和道德视野。它们使我想到下面这两者的关系：艺术和有时候似乎孕育着它的苦难。敖德萨是艺术和苦难的舞台，而博物馆是这种共存共生关系的证明。我爱这个城市、这座博物馆和俄罗斯文学；但是，它们不值得，也不可能值得——它们有负于造就它们所耗费的鲜血。

撰文 / A. D. 米勒 *

敖德萨文学博物馆

乌克兰敖德萨兰泽罗诺夫斯卡雅街 2 号

邮编：65026

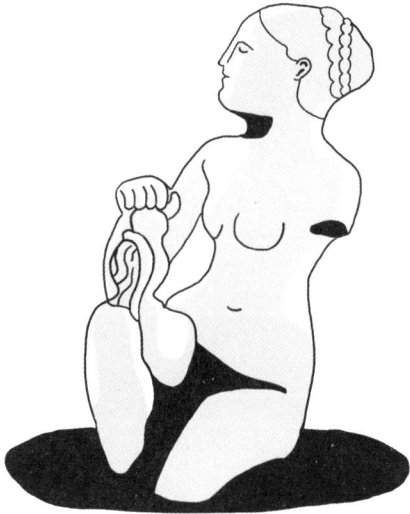

微笑的缩小女神
科里尼翁博物馆，赛伦赛斯特

A Smiling Shrunken Goddess
Corinium Museum, Cirencester

我 6 岁的时候，学校组织去一个博物馆。我不知道它在哪儿。我只记得角落旁边的台阶。我跑下台阶，迎面看到一只红毛猩猩。我不知道它是否是活的，但我以最大的声音尖叫，科普斯德（Copestake）夫人让我闭嘴：第一因为我到处乱跑，第二因为我大叫，第三因为我把它读成了"工毛星星"。我对博物馆的其他东西没有任何印象，只有台阶和那个俯视我的姜色高个儿生物——那是我见到的第一具尸体。

从那时起，我不再常去博物馆。我总是因为玻璃后面展品的冷漠而感到压抑。在描述吃、清洁、杀戮和腐烂的漫长历史（我也是其中一部分）时，总有一种死亡的沉重。

但是几年前，我参观了赛伦赛斯特[1]的科里尼翁博物馆。当时，它刚被装修好，在那里展出的物品中我发现了一些穿着罗马服装的蜡像。科里尼翁是一个重要的罗马城市，有拿着砍刀对着死鸡的屠夫；有在床上表情悲伤、僵化的士兵；有对坐在客厅里的一家四口。楼上，有一些墓穴，当我触碰到一个屏幕时，它开始低语："啊，市民们！我知道你在想什么！为什么有人获得了这么多财富？我把那些蒙面袍子放在地图上。在这种糟糕的气氛下就是这样……"在红色木板上悬浮的巨大字幕的下面，是罗马人曾经用过的东西：一个腰带扣儿、一个把手、一个过滤器，一些铜合金勺子和银勺子、硬币、罐子、砝码、探针、医用钩、柱子和犁。

这里看东西非常困难。现在，我坐在房间里回想罗马人，并没有注意到我的圆珠笔辛苦地推动书页。我可以停下来并记录它的黄色，它的墨尖，它的自我依

1　赛伦赛斯特（Cirencester），英国伦敦西北部约130公里处的一个小镇，其罗马名字就是科里尼翁（Corinium）。

赖，以及倚靠食指的友好尽力方式，但这样会看起来有些卖弄学问，不管我使用什么形容词，笔仍然简单地是它自己。勺子、钩子和腰带扣儿也一样。一整天，我的手了解它们，但我的注意力在别处，通常比我正在做的事情早或晚几个小时。事实上，不可能（除非是偶尔）去想象现在，这也是为什么试图想象过去是非常令人受挫的。

所以我走进科里尼翁博物馆，在里面游荡，了解事实，偶尔与僵硬的屠夫或士兵交换眼神，并没有真正在看什么东西（至少不是那种应该有的快速实际的观看方式），然后我遇到了一位水之精灵。她也许只有红毛猩猩的 1/30 大，但却同样震撼人心。

这里讲一下背景，那是在 2005 年：这一年我们从德文郡搬到了格洛斯特郡。在德文郡，我们一直居住在达特河旁，它长 52 英里，是能淹死人的河：有高速公路那么宽，某些地方有 20 英尺深。而我们在格洛斯特所住的区域，最近的河是当特河，它还没我的靴子深，只是田野上闪烁的一条细流。在搬家后的第一个月，我一直觉得口渴，不仅仅是喉咙渴，眼睛和耳朵也处于饥渴状态；所以我立即发现了展柜玻璃后这个 2 英寸高的水之生物。

　　没有这个展品的相关信息，只有一个数字和一条注释写着"罗马骨制水之精灵"，所以我没有选择，只能仔细观看。我看到的是铁器时代略有些损毁的口袋仙女，她的左臂以及两条腿都已经缺失。她的胸部有工具的痕迹。她在微笑，向外看，手指修长，轻握着一个向外滴水的花瓶，正在洒水。她的肩膀有光泽但不闪耀。她看起来没什么戒备，像一轮下弦月或问号那样弯曲着，脚跛但不在意，没穿衣服，即使是皮肤也用骨头（谁的骨头？）制成，非常瘦，好像她的重量无法承受水，但她附近并没有水。即使是从花瓶里流下的涓涓细流也是用骨头制成的，就像骨头那样干枯。

　　精灵是被缩小的仙女，是被更大、更抽象的力量所取代的地仙。它的形态来自希腊，原料来自英国，在罗马被加工而成，很有可能是为罗马人工作的格洛斯特手工匠人的作品，这赋予了她一种格洛斯特河流的力量——也许是流经赛伦赛斯特的车恩河，或者是流入车恩河的当特河。

　　在经典传说中，河流是男性的，但是它们的来源是女性的，或至少是由女性照顾的。当特河是被荆棘、榛果、接骨木和荨麻照顾的。河中有暗礁，如果某个农民愿意的话，可以放一个骨制水之精灵在房间里的祭坛，与其他微型神灵待在一起，每天早上祈祷。或者他可以把她放在口袋里（托加长袍明显是有口袋的），在与别人聊天的时候手也可以触到水之精灵；就像某些人在聊天时玩硬币一样，使对话变得有利可图。

弗雷泽（Franzer）在《金枝》（*Golden Bough*）中写道：

> 在爪哇，两个人有时候会用柔软的棍子互相抽打对方，直到背上流血……在俄罗斯南部和西部的某些地方……教堂仪式结束后，教众会将穿着袍子的牧师抛到地上，用水浇他……1868 年，干旱异常严重，人们预计当年收成不好，于是塔拉什克斯克区一个村庄的村民挖出去年 12 月死去的异见者的尸体。一些人抽打尸体，或者说是尸体头部剩下的部分，高喊"给我们雨吧"，而另一些人用筛子向尸体浇水。

　　我欣赏这些祈雨的极端方式，正如我欣赏那些敢于用比喻的方式（所有的语言都植根于比喻）与非人类的东西交流的人。如果你付钱买了种子或动物，你想通过种植或养殖来使它们增值，那水之精灵就不是水的文学拟人，或者是女性的液化，而是一种由绝对需求所推动的与某种神秘事物交流的努力。由于水是透明的，表现的不仅仅是它自己，因此比腰带扣儿或者圆珠笔更神秘——也更必要得多。

　　我花了几个小时欣赏这个水之精灵，并买了一张明信片，以继续欣赏。然后我开车回家，当我转过最后一个弯进入当特谷时，发现它变了。河流仍然很小，但是水流的力量各处可见：某种向下的吸力，就像海水将所有的东西吸入一样。我想，水之精灵（就像那只红毛猩猩）使我回到了当下。它更新了我的想象——在我看来，这是往昔的主要功能，也是博物馆的真正价值。

　　所有这些发生在 7 年以前，但是当我被要求写这篇文章的时候，我的第一个想法是，如果我能"握住"水之精灵的话，我会同意的。我也许应该记得阿克泰恩的故事，他是遇到戴安娜与她的精灵在林中水池洗澡的猎人。愤怒的戴安娜将他变成了一只雄鹿，让自己的狗吃掉了他。不管在什么时候，你都千万不要太仔细地欣赏精灵或女神。

但是，多亏了科里尼翁博物馆的慷慨，我可以戴上白色手套，握住水之精灵。她在我手中非常轻，但我并不能真正看她。我不能集中精力。将她从玻璃牢房中解脱，我现在发现自己被困在照相机镜头的玻璃牢房中，被别人看着欣赏精灵。所以我在那儿，被封入相纸，只注意到水上精灵脸上的笑容——并不太像是当地河流快速的害羞的微笑——更像是被激怒的女神枯骨般的嘲笑。

撰文／艾丽斯·奥斯瓦尔德*

科里尼翁博物馆
英国格洛斯特郡赛伦赛斯特帕克街
邮编：GL7 2BX

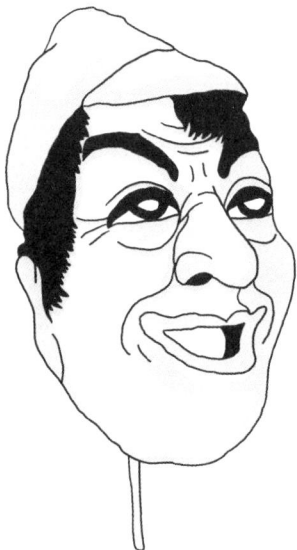

子与母
恩索尔博物馆，奥斯坦德
Sons and Mothers
Ensorhuis, Ostend

1976 年，当我从剑桥理工学院回家过复活节时，我母亲宣布，她在这个夏天想"出国"，尽管我的父亲很惊愕。开始的时候，我坚定地把自己当作一个旁观者，鼓励这种想法：母亲已经 46 岁了，家住东米兰德，从未去过比布莱克浦更远的地方，一次旅行对她颇为有益。我也喜欢任何可能挫败我父亲的计划，我青春期大部分时间都是在与他争斗。就在两天后，母亲又表示这一假期也可以当作是我的毕业礼物，我拒绝了：自 6 年前在克拉克顿度假营里度过了糟糕的 14 天后，我从未与家人一起旅行。那一次，深更半夜我还在海边游荡，因为父亲巨大

的鼾声令我不能入睡——白天我在营地电影院里
打盹儿，他们每天下午播放《奇异博士与戴立克》
(*Doctor Who and the Daleks*)。但是，现在改变主意
已经太晚了，几个月后，我与父母和妹妹坐船前往
了奥斯坦德[1]。

　　我不知道母亲为什么想去那儿——她只说它在
旅游小册子里看起来不错——由于命运不可逆转地
降临了，我决定扮演一个好儿子，参与其中，成为
家庭的一份子。但是，由于我的父亲，这些美好的
决定不能持续，除了乘坐长途客车前往根特[2]和斯
勒伊斯[3]极为痛苦的几个小时外，假期的大部分时
间我都在奥斯坦德主广场周围狭窄的街道闲逛。在
众多景点中，我发现了一座极为不错的现代艺术博
物馆——现在搬迁至罗姆斯特拉特的泽兰博物馆。
这相应地带我找到画家、音乐家以及偶尔写作的詹
姆斯·恩索尔（James Ensor）在弗兰德伦斯特拉特
那又高又细的故居。

他从 1917 年就在那
里，当时刚从姨妈那
里继承了财产，直到

1　奥斯坦德，比利时西部海港城市。
2　根特，比利时弗朗德尔省的第二大城市。
3　斯勒伊斯，荷兰西南部城市，属于泽兰省。

1949 年以 89 岁高龄去世。到那时，恩索尔不再像
19 世纪 80 年代那样声名狼藉。有人认为，他晚期
的作品显示出水平下降的迹象，但我不这样认为。
他在这所房子里创作的绘画作品当然更为安静，却
有一种哲学深度，有对时间和空间的领悟，使它们
完全属于这位主要艺术家珍贵作品的一部分。

从街上看，恩索尔博物馆不怎么壮观，但当我
走进大门的那一刻，我就被吸引了。我甚至试图带
母亲来参观，但她说这不是她的菜，我也不得不承
认。我开始意识到，我喜欢的东西都不是她的菜，
我们毫无共同之处，这让我感到悲伤。

现在，回到恩索尔博物馆，发现它基本没有什
么变化，这让我吃惊。一楼仍然是回顾恩索尔的生
平，那时这里是他叔叔里奥波德（Leopold）的贝壳
和纪念品商店。恩索尔的父母也开有连锁纪念品零
售店，进口贝壳、东方花瓶、半宝石和每年狂欢节
用的面具，詹姆斯在职业生涯中会重新想象这些面
具，有时是非常邪恶的景象。也许最有意思的展品
是斐济美人鱼，这是一个将猴子的头和前肢移植到
鱼的身体上的奇怪东西。整个房间壮观地充斥了狂

欢节面具、海洋生物、人体模特头、日本扇子、异国贝壳和像鬼一样的珊瑚，是一种超现实的珍品陈列室，似乎不是有意构建的，而是一种自然的拼凑。尽管一楼非常有趣，但现在对我来说重要的是二楼，恩索尔在那里创作了卓越的绘画，当我在四十多年前第一次看到它们的时候，立即成为我内在情境的永恒部分。

最吸引我的是作品的多样性。恩索尔因为对比利时狂欢节梦魇般的描绘而知名，其中他自己以被众人（包括同辈艺术家和政治家）嘲笑的基督形象出现。但是，在他的职业生涯中，他还创造出关于短暂和虚无的安静的作品，从《沐浴茅屋。午后，1876 年 7 月 29 日》（*The Bathing Hut. Afternoon, July 29, 1876*），到 1891 年的《有蓝色洒水壶的平静生活》（*Still Life with Blue Pitcher*），以及最后的海景和内陆景色。

在恩索尔博物馆里没有一幅真迹，这并不重要。排列在蓝色沙龙中、恩索尔脚踏式风琴旁的绘画都是高质量的复制品，真迹在别处，在世界各地的国家画廊里。但重要的是这所房子提供了一种关于他这个人的感觉，对于我来说，这种感觉是一种奇妙的矛盾。他自称是无政府主义者，似乎也是文质彬彬的资产阶级，居住在美丽的滨海度假区，但在 20 世纪初创作出一些最令人不安的作品——这些作品成为超现实主义和达达主义的前兆，在他青年时期被认为是极度丑恶的，偶尔还会被禁。难怪恩索尔在 1933 年给阿尔伯特·爱因斯坦（Albert Einstein）写信时说，"让我们想想这句比利时古谚语吧：光从思想的冲撞中迸发。"因为和爱因斯坦一样，恩索尔自己也是一系列矛盾和冲撞的快乐集合。他的作品显示了互补力量的不断相互作用，不时产生一种当下的秩序，揭示任何我们将真实视为短暂和临时的永恒状态，更多的时候，那种暂时的面具，是我们最希望得到的东西。

奇怪的是当你回到一个地方，不管它看起来有多熟悉，你还是觉得有什么东西缺失了。对于我来说，在恩索尔博物馆，是那些面具：是的，房子里满是面具，但是多年来，我的想象已经增加了好几百个，恩索尔的作品、我在其他地方看到的狂欢节面具、与恩索尔无关的面具，都从我的记忆中被拉出，编进了我自己的博物馆版本，那里台阶更深，大厅更宽也更高，每面墙都是石膏、纸艺和面具的海洋。当然，那时最吸引我的就是面具收藏——我的理由也许比自己意识到的更为个人。面具能掩盖，但也能翻动，每一次翻动都带来新的惊喜。明显，在其后永远有某种未知的东西，但当我们确实看到了那张被掩盖的脸，它往往与我们设想、希望或害怕的不同。同时，揭露是一个双向的过程。恩索尔说："当开始观察时，视野发生了变化。"这是特别正确的，当你有机会看到曾经被掩盖起来的东西，我们会奇怪，会改变，发现我们看到的与想象的大有不同。在这种时候，不仅是秘密被公开，也是我们看到变化，看到一个完全不同世界的方式，它在某种方面是熟悉的，但在其他方面又有重要的不同。

现在，我看出所有这些在 1976 年时是多么"个人"，因为正是我们在奥斯坦德的假期间，我第一次看穿母亲在我面前的面具。当然，我知道她的生活是充满失望的，但直到那时，我也并没有完全认识到，我也是失望的原因之一。我也许可以从无名的技术学院获得学位（我去这所学院是因为我想不出还有什么其他可做的），但是到那个夏天，很明显我没有野心、没有前途、没有计划。到那个夏天，我不再是天才儿子，过母亲所希望的成功生活——一个接一个学校的老师评论我是个聪明的孩子，可以继续去做伟大的事，甚至像某些人说的可以做成"任何事"。她一直被灌输这种故事，直到我被学校开除，即使在那以后，她也认为我会荣归故里，即使不是像我表哥约翰那样成为赢得金牌的物理学家，也至少是像埃琳娜姨妈那样当一名老师，或者是作为汤姆叔叔那样的公务员。但那个夏天，即使是这些更为普通的成功看起来也很遥远——有天下午在酒店大堂里喝下午茶，我妹妹在楼上她的房间里，我的父亲不知道去哪里的酒吧了，她直接问我如何计划我的人生。这是我的父亲经常奚落我的问题，但母亲以前从未问过。现在，她突然问了——而我没有答案。

"那些东西对我不重要。"我说，知道自己听起来相当没有说服力。

她噘起了嘴，"好吧。那么，什么重要？"

我什么也没说——正是那时我看出她有多受伤，不仅是因为我父亲的酗酒和靠不住，不仅是因为阶级系统的不公平使像她那样的人一生不幸，而是她认为我失败了。这肯定是一种堕落的失败，因为我已经有一个学位，至少应该代表点什么。但我对学位不屑一顾，对成功或失败也是如此。

"所以你要做什么？"她说。"如果你不小心的话，你会像你父亲那样一辈子碌碌无为。或者在工厂里，就像我和你妹妹一样。"

"那么，"我说，"那样有什么不对吗？"

那时她什么也没说，只是坐在那里看着我，无疑，是在想到底发生了什么事情，让我的回答显得如此漫不经心。我没有令她放心，甚至不愿意承认她的担心。到底意义何在？没错，我们是一家人，但我们的世界完全不同，我不准备按部就班，让她可以告诉我的姨妈和表亲们她多以我为豪，我不知道她是否在我脸上看到这些，或者终于决定放弃我。从那时起，我想她确实放弃了，尽管她一直爱我，但不管什么原因，她只是上楼回到自己的房间。我们此后再也没有就此讨论过。

恩索尔有一幅画名为《我死去的母亲》(*Ma Mère Morte*)，创作于 1915 年，画中死亡的妇女躺在背景之中，手里握着一串念珠，嘴角由于腐烂已经松弛，而前景是怪异的静物，许多有着彩色标签的药瓶在捕捉和折射光线。我曾见过这幅画，尽管根据我的回忆，不是在 1976 年的那个假期见过，我觉得它似乎被收藏在别的地方；不过在泽兰博物馆的恩索尔展厅里，它几乎是既具有深刻的讽刺意义，又具有现实性，这是恩索尔在他的母亲去世后三天，因愤怒所激发的创造力带来的诸多作品之一（至少有两幅素描和两幅油画）。她在经济上和道德上支持恩索尔度过最艰难的岁月，如果关于其丈夫酗酒的传言是真的，她自己的生活也是艰难的。现在，在画中，她是虚无的、未完成的。同时，她并没有腐烂到融入光中，她的身体几乎像前景里的瓶子那样透明。这并不预示着恩索尔这个坚定的无神论者希望我们在这些景象中看到什么宗教的东西〔他在她死去的床边所画的素描，特别是《我死去的母亲（之三）》，在这方面是完全不妥协的〕，相反，它表现的是一种难得的死亡解脱，不管是从艰苦中，还是从被隐藏的一生中。

如果我的母亲能再多活几年，她应该会因我人生路上普通的成功而释怀（先是获得了公务员职位，然后是在计算机公司做中层）。但是在奥斯坦德之旅后的 6 个月，她被诊断出患了不可治愈的癌症；又过了 6 个月，我们将她葬于科尔比公墓，远离家乡，周围没有她的亲人。

在她去世前两周，我去她的房间，发现她安静地躺着，闭着眼，7 月的阳光透过窗户照到她的梳妆台上。她看起来不可置信地遥远，奇妙得像另一个人，就是有时在梦中看到我们爱的人的样子——我有个小小的幻想，如果能与她在这种暂停状态聊天的话，我可以让她明白，她所认为的快乐并不是我所认为的快乐。但是，这一幻想在我看着她的脸时消失了：平静，当下是没有负担的，但是这只是一系列面具中的又一个。直到那时，我认为我们所有的面具都是为了掩藏，我们所藏的是真正的自己，是忍受痛苦和羞愧的肉身，是需要被遮蔽的自己，只是为了自我保护，或者，像我母亲的不快那样，是为了保护他人。但是，如果我在恩索尔房子中更用心的话，我也许会更早地了解，在我们诸多的生活面具中，没有一个会比另一个更真实或更虚假，即使是最快速或最美丽的那一个。

撰文 / 约翰·伯恩赛德 [*]

恩索尔博物馆

比利时奥斯坦德弗兰德伦斯特拉特 27 号

离家之家
艺术博物馆，波士顿

A Home from Home
Museum of Fine Arts, Boston

第一次来波士顿时，我还是个少年，住在南部郊区
的一所寄宿学校里，年轻的 T. S. 艾略特也曾在这所
学校就读。这所学校创建于 1798 年——在美国人
的观念里，这就算古老的了。对于我来说，波士顿
是小说里的：我童年的大部时间是在悉尼和多伦多
度过，那儿有点像是英联邦的边缘，最终，我前往
一个城市，人们写过关于它的可铭记的故事和伟大
的诗歌。

波士顿也是一个收藏伟大画作的城市。我喜欢
这里的原因之一，就是波士顿的大部分文化认同是
由居住在美欧之间的、奇特的、有想法的人们调和

而来的——惠斯勒[1]（出生于马萨诸塞的洛厄尔，当在欧洲被误认为是俄罗斯人时，十分高兴），萨金特[2]（出生于欧洲，父母是美国人，年纪很大了才巩固了与波士顿的联系），亨利·詹姆斯[3]（尽管入了英国籍，却被葬在只离我家半英里远的剑桥公墓），伊迪丝·华顿[4]（"我在波士顿是个失败……因为他们认为我太时尚了，不可能聪明，在纽约也是个失败，因为他们认为我太过聪明，不可能时尚"）。我的父亲是法国人，母亲是加拿大人，家里只有我拥有美国护照，我常常担心自己不够"美国"：所有这些作家和画家对我来说都是安慰。大部分美国人对欧洲不感兴趣，但波士顿似乎不是这样——如果凭艺术来判断的话。

还在上学的时候，我几乎不去美术馆：里面的咖啡厅很贵，礼品店不出售任何我们想要的东西。我们被哈佛广场和纽伯里大街的街道所吸

1　詹姆斯·惠斯勒（James Whistler，1834—1903），美国画家，代表作有《法国组画》《泰晤士河》等。

2　约翰·萨金特（John Sargent，1856—1925），美国肖像画和水彩画大师。

3　亨利·詹姆斯（Henry James，1843—1916），美国小说家，代表作包括《一个美国人》《一位女士的画像》等。

4　伊迪丝·华顿（Edith Wharton，1862—1937），美国作家，代表作有《纯真年代》《战地英雄》等。

引，只在冬天前往美术馆以避寒。

　　但是，从某种程度上来说，这些少年时期的参观给我一种关于该地的归属感，几乎是一种家庭自豪感。当我 20 年后回到这里，和丈夫和孩子住在一起的时候，再次来到波士顿艺术博物馆，就好像回到一个大家族的怀抱一样：这里有我的老朋友，约翰·辛格顿·科普里 [5] 的《华生和鲨鱼》（*Watson and the Shark*）、托马斯·萨利 [6] 的《磨损的帽子》（*The Torn Hat*）和萨金特的《爱德华·达利·博伊特的女儿们》（*The Daughters of Edward Darley Boit*）。它们也成了我孩子的朋友。

　　孩子们找到他们最爱的作品，并一直喜欢它们。我的女儿利维亚（Livia）在 6 岁的时候，试图临摹弗兰克·W. 本森 [7] 的一幅画，画里三个孩子坐在船上。她的版本在她的卧室里，她觉得原作就是她的。我的儿子卢西亚（Lucian）喜欢惠斯勒的《蓝银小夜曲：湖，威尼

5　约翰·辛格顿·科普里（John Singleton Copley，1738—1815），美国肖像画、历史画画家。

6　托马斯·萨利（Thomas Sully，1783—1872），美国肖像画画家。

7　弗兰克·W. 本森（Frank W. Benson，1862—1951），美国现实主义肖像画家、印象主义画家。

斯》（*Nocturne in Blue and Silver: The Lagoon, Venice*）。我们都喜欢查尔德·哈萨姆[8]的《暮光里的波士顿》（*Boston Common at Twilight*）。它描绘了肮脏的雪和充满硫黄味的黄昏，与现在的冬夜一模一样。

艺术博物馆于美国建国 100 周年的纪念日 1876年 7 月 4 日正式开馆，后迁至现址的新馆于 1909年对外开放。从那时起有许多扩建，包括用玻璃做的新美国艺术之翼，它由诺曼·弗斯特（Norman Forster）设计，于 2010 年开放。这些明亮的大展厅在原有的建筑周围出人意料地和谐，但安静的主厅仍是我的最爱——与我小时候的艺术博物馆一样阴森，基本没有窗户，有宽大的走廊和台阶，安静，有回声，像图书馆，每走一步都发出声音。

在新一翼重新布展后，很难找到一些我喜欢的作品。《华生和鲨鱼》原来从很远的地方就能看到，在一个长走廊的尽头被照亮，但现在只能在更近一些的地方才能看到，而且似乎有一点局促。更令人不开心的

8　查尔德·哈萨姆（Childe Hassam，1859—1935），美国印象主义画家，擅长城市和海滨风景。

是，萨利的《磨损的帽子》——那个男孩就像是利维亚和卢西亚的表亲——不再展出了。在一个模仿19世纪客厅的玻璃后短暂而不幸地轮展后，它回到了神秘的地下室，博物馆95%的收藏都在那里的黑暗中窃窃私语。一幅19世纪早期的美国肖像画里是一位长鼻子的男子，头上似乎有只袜子的，也消失了；但是其他的，比如萨金特的"博伊特姐妹"，运气不错，得以继续展出。

不过，回到我们家庭以前常去的地方是令人放松的——到用锦缎装饰的、展示欧洲大师的科氏画廊，或者最近重新开放的印象主义画廊——因为我们发现那些画作仍出现在我们期待的地方。一个我常去的未发生变化的角落，有12世纪西班牙浮雕《基督与四大福音书作者的符号》（*Christ in Majesty with Symbols of Four Evangelists*）的小房间，这件作品来自比利牛斯山的一座小教堂。神秘、庄严，但充满欢乐（那个穿着蓝色褶裙跳舞、站在右边举起窗帘的人是谁？），这些浮雕为我们提供了一个思考的机会，一段独处的时光。

即使没有这些有着漂亮拜占庭眼睛的人物，我来到这个展厅，还可以欣赏意大利雕塑《处女和孩子》（*Virgin and Child*）。许多描绘耶稣儿童时期的画作让我觉得好笑（他的身材比例有多奇怪，颜色就有多搞笑！），但这一座让我几乎落泪。他和他母亲的头奇怪地有些长，这是真的，这样看起来颇有风格和异域风情；但是圣母裙子的卷皱，他们四肢的准确，他们拥抱的紧密，他小手在她脖子后部的坚持，他的脸向她面颊充满渴望的延伸，他的略微皱眉——我感觉我认识他们，以及他们浓烈的情感。他们展现的就是每个小孩对其母亲身体的渴望。同时，奇怪的、令人不安的，这个耶稣有某种几乎成人的感觉。他们家庭般的亲密热情在几乎1000年后仍然是可辨识的，这是我所见过的最像人类的耶稣。

凡·戴克（Van Dyck）的《玛丽公主》（*Princess Mary*）则以完全不同的方式展示了自己的存在。这是少数几幅我的孩子们可以欣赏的古老绘画。作为英国国王查理一世的女儿，这幅画描绘的是她与威廉三世订婚时的样子；穿着和首饰都很华丽。她的袖子看起来有一吨重。我的丈夫每次见到这幅画时都会说："噢，艾米在这儿！"因为玛丽很像他以前的一位同事。

玛丽是警惕的——她正应该如此，在伟大的法兰德斯画师前僵硬地站立，在 9 岁这样一个柔软的年龄出嫁。她在 19 岁成为寡妇，就在奥利弗·克伦威尔（Oliver Cormwell）处决了她父亲后不久。她自己则在 29 岁时去世。她看起来似乎知道自己的道路不会那么顺利，世界上最奢侈的衣物也不能保护她。

这幅《玛丽公主》于 20 世纪 20 年代来到美国，由艾尔凡·塔夫兹·富勒（Alvan Tufts Fuller）购得。富勒是一位富有的汽车贸易商，后来成为马萨诸塞州的州长，一直活到 80 多岁。如果公主嫁的是他的话……

我的孩子最喜欢印象主义展厅，就像我年轻时候一样——梵高的嫩黄、莫奈朦胧的紫色和蓝色、雷诺阿明亮的花朵。即使是现在，我处于青春期的女儿仍对德加作品中 14 岁的小舞者颇为喜爱，她的下巴上扬，手背在身后，薄纱裙非常脏，但头上的缎带是新的。利维亚会站在玻璃展柜旁，模仿女孩的姿势。她几年前放弃了芭蕾，但姿势还是很漂亮。

我自己最喜欢的德加作品是《交臂的芭蕾舞者》（*Ballet Dancer with Arms Crossed*），这是美术馆在 1919 年他死后作品拍卖时购得的未完成作品。舞者胳膊交叉，眼神飘移，似乎是在思考，或者接近在哭泣，甚至有可能是在生闷气——这很难说，就像在生活中一样。她的脸大部分在阴影中，尽管她橙色的唇膏在闪光；她的低领露肩装几乎呈瘀青的灰色，与她脖子上的黑色缎带一起，代表着一种与未完成的红色背景相悖的黑暗氛围。她的形态用黑色粗略地勾勒出来（右手看起来又大又笨重，而她整体上是那么优雅！）；她的裙子是纯白色的；在她周围浅施有一层红色颜料，使粗糙的画布可以透光，使白色的裙子与画面左侧白色的颜料保持平衡。德加约在 1872 年放弃了这幅画，但她却在他的工作室里停留了四十五年多：这个女孩有一种奇怪的亲近感，在墙上带着悲伤地站着，那位性格糟糕出了名的画家既不会同意也不会放弃这种感觉。

时代已经变了，她看起来不像未完成的作品。

有一点模糊和褪色，但极为生动，她看起来像是，比如说，玛琳·杜马斯[9]的作品。她的存在感并不比《玛丽公主》弱，更情绪化和内敛，更依赖于艺术家眼睛的渗透。正如爱德蒙·德·龚古尔[10]在拜访了德加的工作室后写道："在所有我看到的描述现代生活的人中，他是最为成功地传递了生活内在本质的那一个。"

这使我想到萨金特。我们家的每个人都有自己的最爱：我的最爱是《爱德华·达利·博伊特的女儿们》。约翰·辛格·萨金特是有着卓越才能的肖像画家。他被罗丹称为"我们时代的凡·戴克"，他有天分，就像凡·戴克一样，能准确抓取表面，成功激发内在。多年来，作为一个社会画家，他因其作品的优雅和感性，既被热爱又被鄙视。

萨金特的画作是对可爱和轻松的赞颂，累积起来可能看起来有点浮夸，他所有的作品几乎都是富裕和贵族的资助人认购的，他们的委托多年来占用

9　玛琳·杜马斯（Marlene Dumas，1953—　），生于南非，现居住于荷兰，绘画作品主要以照片为素材。

10　爱德蒙·德·龚古尔（Edmond de Goncourt，1822—1896），法国作家，文学艺术评论家。

了萨金特的所有时间。但是波士顿艺术博物馆收藏了他画作中的珍宝，是对这种徒有其表的虚幻完美的矫正，证明他也可以黑暗和复杂。《爱德华·达利·博伊特的女儿们》于1882年在巴黎绘制，那时画家20多岁。博伊特一家是萨金特的美国朋友，最初来自波士顿，但在第八区过着奢侈的生活。画中的四个女孩——玛丽·路易莎、弗罗伦斯、简和茉丽亚——站在公寓的前廊，白色的围裙在灰暗中闪光。

波士顿艺术博物馆的埃里克·赫什勒（Erica Hirshler）告诉我们，萨金特受到委拉斯开兹[11]《宫娥》（Las Meninas）一画的影响，曾在马德里的普拉多美术馆研究过这幅画。但是，作品与传统如此不同：其中只有一位对象，也就是4岁的茉丽亚直接看向观者，她的腿向前伸出，膝盖上放着她的娃娃。对于这些女孩，长大似乎是某种倒退。第二小的玛丽·路易莎位于画布左边，看向中间，手背在后面。她的连衣裙是温暖的紫灰玫瑰色，围裙的笔触厚而明亮，腰带上有额外的白色斜线：她的大部分身体仍处

11　委拉斯开兹（Velazquez，1599—1660），文艺复兴后期西班牙最伟大的画家，大部分作品都收藏于马德里的普拉多美术馆。

于光线之中。但两位姐姐弗罗伦斯和简，在白色围裙后面是黑色的裙子，正走回到走廊中，弗罗伦斯基本是背对着我们，靠着一个巨大的日本花瓶，花瓶与女孩儿们吸引了观看者同等的注意力。弗罗伦斯的眼睛看着简，而简有些迷失，她的姿态和表情比她的姐妹们更具试探性，更饱含期待。

只有小茱丽亚与观者有眼神交流，唯一的成人弗罗伦斯看着她的一个妹妹。其他两人都分神了，甚至是有些孤立。正如德加的舞者，她们的想法是模糊的，即使我们能确定，她们是在思考。

萨金特给德加当了二十多年的学徒，最终却没那么冒险。在他晚年，就像伊迪丝·华顿一样，被认为是过时的、陈旧的，是一个逝去世界里的古板代表。但是，即使今天，这幅画（画中的四个姐妹，没有一个嫁人，其中一个还与精神疾病做斗争）也是极为打动人的，具有亲密的熟悉感。

这些女孩，就像玛丽公主一样，拥有特权和财富，它们可以带来安抚而非拯救。她们的父亲游历多国，使得她们在不同文化和国家间居住，就如在画中，她们站在自己公寓里黑暗的走廊上，准备去别的地方。这种跨境的状态是有优点的，我坚定地相信这一点，因为我也是一个在不同国家间长大的人，但最终能有一个家，是多么让人心安，以前我没有，我希望我的孩子能拥有；而波士顿艺术博物馆对于这些神秘的萨金特女孩来说，是多么合适的一个家，因为它一面朝向过去，一面则朝向未来。

撰文／克莱尔·默萨德[*]

艺术博物馆，波士顿

美国马萨诸塞州波士顿市亨廷顿大道 465 号

邮编：02115

让西贝柳斯休止的地方
艾诺拉别墅，耶尔文佩

Where Sibelius Fell Silent
Ainola, Järvenpää

在古典音乐历史上有两种著名的休止：罗西尼[1]和西贝柳斯[2]。罗西尼持续了近40年，是一种世界性、宇宙性的停止，大部分是在巴黎，在这期间他与别人一起发明了菲力牛排罗西尼。而西贝柳斯则持续了近30年，更严峻、更具有自我惩罚性和地点具体性；罗西尼最后再次向音乐投降，书写了他最后自称为"我暮年的罪恶"的作品，西贝柳斯却难以和解。他休止了，并一直休止。

大约半个世纪

1 罗西尼（Rossini，1792—1868），意大利作曲家，生前创作了39部歌剧以及宗教音乐和室内乐。
2 西贝柳斯（Sibelius，1865—1957），芬兰著名音乐家，民族主义音乐和浪漫主义音乐晚期的重要代表。

前，我通过安东尼·科林斯[3]和伦敦交响乐团的唱片开始了解他的音乐。这些古老黑胶唱片的封套上印有北欧风光的黑白照片：雪景、峡湾、高耸的松树，等等。我想这些景象与我早期的欣赏是交织在一起的：它们有一种冷酷但混乱的悲伤，音乐里面也能找到，似乎与我青少年晚期的不安灵魂是相适应的。但是音乐一直伴随着我，尽管总体上我对作曲家的生活没什么兴趣，但西贝柳斯却是一个例外。我欣赏他恶作剧般的幽默和顽固坚守至高原则的混合。在一次英国巡回演出中，他在音乐会后的演讲上说："我在这里有许多朋友，自然，我希望，也有许多敌人。"他安慰一个获得差评的年轻同事："永远记住，世界上没有一个城市为评论家竖起雕像。"在其最后休止的岁月里——他一直活到91岁——他在日记中写到："振作起来！死亡就在转角。"所以多年来，我一直想拜访西贝柳斯的故居，它位于赫尔辛基以北40公里，那里有湖、松林和高耸的银色桦树。对于我来说，它一直是有着双重、分裂名声的

3. 安东尼·科林斯（Anthony Collins，1893—1963），英国作曲家、指挥家。

地方：既是创作，也是毁灭；既是音乐，也是休止。

大部分艺术家的房子在其居住的前后都为他人所有。在一些房子里，你只能感觉艺术家有过一丝存在的痕迹；而其他一些房子里，艺术家的精神被博物馆化，被馆长的干涉所碾压。西贝柳斯的故居是极少的没有其他存在对天才场所进行干涉的地方之一：它为西贝柳斯所有，为他所在，为他所用，为他所伴，为他所知。西贝柳斯于 1903 年在图卢拉河附近的耶尔文佩购买了 1 公顷的土地。那时已经有一个艺术家住在这里，但西贝柳斯还是被这片空旷的土地、被头顶飞过的天鹅和鹅所吸引。

1904 年 9 月，他举家迁入了仍未完工的房子，并以妻子艾诺的名字把它命名为"艾诺拉"（Ainola，后缀"*la*"是"场所"的意思）。他们在这里养育了五个女儿——第六个夭折。西贝柳斯在这里创作了他大部分的作品，从 1905 年的小提琴协奏曲到七部交响乐的后五部，他还在这里度过了 30 年没有发表一个音符的岁月。1957 年，当在转角长久等待的死亡终于来临时，他被葬在了院子里；艾诺继续在这里生活了 12 年；他们共同的墓碑是一块面积为6平方英寸的铜板，这是由他们的女婿、建筑师奥里斯·布隆斯泰特（Aulis Blomstedt）设计的。五个女儿在艾诺97岁去世时已经年迈，在1972年将房子出售给芬兰政府，1974年这里作为博物馆开放。

房子是由建筑师朋友拉尔斯·松克（Lars Sonck）以"国家浪漫主义"风格所设计的。这是一座建造在重石地基上的木头大别墅，装有护墙板；在院子里，艾诺设计了桑拿房（配洗衣房），铺设了蔬菜园和花园，种上了果树。屋内，主要的房间里有厚重的松木横梁，以及典型的北欧高壁炉，装饰有釉色砖板。整座房屋有一种坚实的、持续的生命力之感。即使是西贝柳斯的两个女仆也是坚实和持续的：她们都在这里待了近60年。

这里几乎没有变化（尽管西贝柳斯的手稿已经被转移到国家档案馆），这个曾经拥有西贝柳斯及其音乐的地方仍然拥有他们。作曲家白色的夏装挂在书房的衣架上；他宽檐的博尔萨利诺帽和拐杖在附近的桌子上。这里有他50岁生日时获赠的施坦威大钢琴（尽管他在脑中而非钢琴上作曲）；还有一本报道他最后 5 年生活的《国家地理》杂志。在从 1892 年结婚起就使用的俄罗斯橡木书桌上，有艾诺为他雕刻的木尺，他用它画过曲谱；还有一个科罗那雪茄的空盒，以及一个优雅的蒂芙尼相框，里面是艾诺的照片，通过照片光线在流动。书桌上有其最伟大的一部交响曲——第四交响曲曲谱的复制品。但是居家生活从未远去：在厨房里，钉在墙上的，是西贝柳斯在一次美国之行中带回的苹果去核机。它由黑色生铁制成，是使用叉齿、螺丝和刀片的西斯·罗宾逊[4]式奇妙发明，摇动一下把手就能给苹果去皮、去核和切片。在同一次旅程里，他还给妻子带回了一枚蒂芙尼钻石；但是苹果去核机让人印象深刻。

提醒参观者作曲家显赫名声的物品到处都是，从一次著名生日会上包围他的巨大桂冠（现在已经基本干枯）到多幅纪念性图片。每次制作芬兰最伟大艺术家的石膏徽章时，他都会有一个私人版本，大部分似乎都挂在别墅的墙上。

4　西斯·罗宾逊（Heath Robinson，1872—1944），英国漫画家，以绘制那些实现简单目标却极为复杂的机器著名。在英国俗语中，常指一些为达到简单目的却设计非常复杂的机器。

但是天才需要与家庭生活并存，而这并不容易。"我们的灵魂在不断与其他人交流中消逝。"西贝柳斯在自己的日记中写道。还有，"我正在为自己建造工作室——至少是一个。周围孩子们的吵闹和恶作剧毁了一切。"但是，他从未建造起工作室；相反，他把自己的书房转移到楼上，当他在家时，禁止任何乐器的噪声。孩子们需要等到他每天散步时，才能进行音乐练习。

故居尽管舒适，却并不奢侈。参观者有理由认为，这仅仅是夏季居所，是西贝柳斯躲避城市生活的地方。但事实绝非如此。西贝柳斯大部分时间都背负重债。首先是年轻时欠下的债务，因为他喜欢奢侈的生活：酗酒，常常多日不知所踪（但在"供应生蚝和香槟的最好餐馆里"，你总是能够找到他）。尽管饮酒持续一生，他的品位仍然是奢侈的——白色套装来自巴黎，鞋子和衬衣是在柏林定制的——但这并不是艾诺养鸡、种植蔬菜和果树并在家教育孩子的原因。西贝柳斯在建造艾诺拉时欠下巨额债务，二十多年过去了都还没还清。在作曲家的官方网站上，可以看到一张1892—1926年的可怕债务表：最高的时候，欠款相当于今天的 30 万欧元。

但是，你会说，他是世界知名的作曲家。他的音乐不断被演奏；他在各地都被宴请，特别是英国——他称那里是"没有沙文主义的土地"（我们需要认为他只是从音乐的角度来说）。康斯坦特·兰波特[5] 在其 1934 年的文章《音乐 Ho！》（*Music Ho!*）中，夸张地称他为"贝多芬以来最重要的（交响乐）作家"。耶鲁大学于 1914 年授予他博士学位。这样一个人怎么可能付不清他的房屋欠款？他怎么可能在 1910 年由于得到慷慨资助者的帮助才免于破产？

答案主要是历史以及奇怪的版权法。当西贝柳斯开始创作时，芬兰还是俄罗斯帝国的一部分，俄罗斯不是国际版权条约的签署国。因此——除了表演费用（他还通常担任指挥）——西贝柳斯的收入来源于将自己作品直接出售给音乐发行方。比如，1905 年，他与柏林的罗伯特·利瑙（Robert Lienau）签署了一项协议，在次年提供"四部大协

5　康斯坦特·兰波特（Constant Lambert, 1905—1951），英国作曲家、指挥家、作家。

作曲"，第一部的费用用于支付艾诺所设计的桑拿房。芬兰于 1919 年获得独立，但直到 1928 年才签署《伯尔尼版权公约》——那时西贝柳斯已经进入休止期。

不管怎么样，你不能对此前完全售出的作品回溯性地追讨版权。举一个最过分的例子：西贝柳斯为《死亡》（*Kuolema, 1903*）创作了著名的配乐《悲伤的华尔兹》（*Valse Triste*）。接下来的一年里他对这一曲子进行了两次改编，每一次都将全部版权以 100 马克（以现在的价值计算，不到 3000 欧元）出售。这也许在当时看起来很精明。但是《悲伤的华尔兹》成为西贝柳斯创作的最知名作品之一；在 20 世纪 30 年代，它应该是世界上被演奏次数第二多的曲子，仅次于《银色圣诞》（*White Christmas*）——但是所有的唱片、演奏和乐谱，西贝柳斯一分钱也收不到。他在捐助和政府养老金的帮助下生活；1912 年，他甚至考虑过移民，导致政府增加了给他的养老金，报纸上才出现了让人松了一口气的新闻标题《西贝柳斯留在芬兰》。他于 1927 年，也就是 62 岁时终于有了偿付能力，死去的时候相当富有。今天，当版权再次成为问题时，这可以被当作一个有启发性的故事，音乐版权之争和"不要成为恶魔"的谷歌已经非法将几十万本仍然拥有版权的书数字化了。

选择休止的作家和艺术家们有某种英雄的成分，因为向崇拜他们的观众提供利润可观的小作品更为容易。西贝柳斯多年来纠结于自己的第八交响曲。他一直受这部作品的困扰；指挥家和音乐会经理们请求进行试听，他总是拒绝。一些人认为在他致力于这一部交响曲的几十年里，他只完成了一个乐章。西贝柳斯声称自己"多次完成了"第八交响曲——尽管可能只是在他脑中。不管如何，在20世纪40年代早期，他将第八交响曲的手稿和许多未完成或者（在他看来）不恰当的作品放进一个大洗衣篮，将它们拿到餐厅，在艾诺的帮助下，开始把它们投入壁炉。不久，艾诺已经无力观看并离开了，所以她不能完全确定付之一炬的到底有什么。但是后来她报告说："我的丈夫变得更为平静了，他的态度更为乐观。这是欢乐的时刻。"

绿色的壁炉是由当地的砖厂制作的，矮矮的、看上去很质朴（西贝柳斯极为重视颜色：绿色是 F 大调，黄色是 D 大调）。我弯下身来，试图打开小钢门，看看那些音乐到底是在哪儿化为灰烬的。但它们被封死了——并不是出于虔诚，而是在艾诺守寡期间，壁炉让位于电。书房里明亮的栗色收音机也是用电的，是 20 世纪 50 年代初飞利浦的负责人送给西贝柳斯的。这是在他个人休止的三十年里，最后一组使音乐从柏林、伦敦、巴黎和纽约，或者仅仅从 40 公里以外传到艾诺拉的设备。就在西贝柳斯弥留之际，1957 年 9 月 20 日，赫尔辛基交响乐团正在马尔科姆·萨金特（Malcolm Sargent）爵士的指挥下演奏其《第五交响曲》。自然，音乐会在芬兰电台直播，艾诺后来回忆，她一度渴望打开收音机，希望丈夫的音乐可以使他恢复意识。但最终，她决定不这样做。

在他最后的一年里，西贝柳斯在日记里写道："我一直在想天鹅，它们使生命变得宏伟。在这个世界上，不是艺术、文学或音乐，而是天鹅对我有如此的影响，这是很奇怪的。它们发出呼唤的声音和形态。"

　　如果你今天站在艾诺拉的院子里，你更有可能听到的是附近一条马路上传来的嘈杂交通声，而非野生动物的叫声。但是这个地方仍保持了神奇，它是高雅艺术和日常生活的交汇点，是音乐声名与苹果去核机的交汇点，是创作之声与最后休止的交汇点。

撰文 / 朱利安·巴恩斯[*]

艾诺拉别墅

芬兰耶尔文佩艾诺拉，邮编：04400

华兹华斯持续的力量
鸽屋，格拉斯米尔

Wordsworth's Continuous Force
Dove Cottage, Grasmere

"请不要提起雨。"鸽屋小店里的那个人请求道。但在这里很难不提起：水从他的厚夹克上流下来，滴到地上。急骤的雨点打在窗户上，朦胧地显示出穿着大衣和戴着风帽的参观者队列。"坎布里亚[1]旅行委员会会对我非常失望的。"在鸽屋的门廊上，路对面，一个也许平日装着蚕豆或苹果的篮子，现在挤满了亮粉色、蓝色和绿色的薄薄的折叠伞。

湖区的雨水非常多，即使是在8月，但游客们很快就不在乎了。雨水对这个

1 坎布里亚，英格兰的一个郡。除北部有开阔的平原外，大部分地区为崎岖的坎布里亚山地、逶沿谷地和湖区。英格兰所有大湖均在此。

地方是固有的、必要的。我找了一条泥泞的路前往鸽屋，经过湿漉漉的蕨丛到达阿尔科克冰斗湖，下到另一边。在前半英里内，我在大雨中沿着绿色的峡谷行进，穿过高大黑暗的岩石，上面有滴着雨水的荆棘、无花果树和泥灰。那愤怒的褐色的水，卷曲着、漂浮着、跳跃着发出剧烈的响声，对于浪漫主义者来说意味着思想的无尽力量：那是威廉·华兹华斯[2]的思想，两个世纪前，他行走在这里，沿路哼着、啊着，在邻居们的注视下作诗。那个安静的池塘，被长着苔藓的石头包围，只有一小股水流进来，这对他来说是均衡和平静的标志，是可以捕捉到语言的；那堆泡沫，就像星河一样，代表着人力和人事的短暂。华兹华斯观察这些东西，同时思考。他的存在就像小溪和雨水一样形成了当地一景，所以整个格拉斯米尔地区——而不仅仅是鸽屋——都是他的纪念碑和博物馆。

1799—1808年，鸽屋是他散步回去的家，是他许多最好的

2 威廉·华兹华斯（William Wordsworth，1770—1850），英国浪漫主义诗人，也是文艺复兴运动以来最重要的英语诗人之一，其诗歌理论动摇了英国古典主义诗学的统治，有力地推动了英国诗歌的革新和浪漫主义运动的发展。

诗歌孕育的地方。他的诗歌创作生涯很长，持续到 1850 年，但缪斯在最后几十年里只是偶尔闪耀。他成为一位国家诗人，就像丁尼生[3]一样；仍然高产，但光芒不再。相比之下，在鸽屋，他写下了这些：

> 我心雀跃，
>
> 当我在天空看到彩虹；
>
> 出生时如此；
>
> 成人时如此；
>
> 当我老时，应该也是如此，
>
> 否则，让我死去！

还有也几乎是众所周知的这些诗句，是在他看到乌尔斯沃特湖野生的水仙花所作的：

> 有如群星在银河，
>
> 持续闪耀。

3　丁尼生（Tennyson，1809—1892），英国维多利亚时代代表诗人，主要作品有《悼念集》《国王叙事诗》等。

> 它们在湖畔蜿蜒，
>
> 连成一线。
>
> 一眼窥见万朵花，
>
> 轻舞点头。

还有这些，也许是他最棒的作品，来自《不朽颂》（*Immortality*）：

> 我们的出生，只是沉睡和遗忘：
>
> 共我们升起的灵，生命的大星，
>
> 本已坠往另一个地方，
>
> 又自远处莅临；
>
> 不是完全的失忆，
>
> 又非绝对的白纸，
>
> 拽着荣耀之云，我们是
>
> 从上帝那边来的孩子。

由于鸽屋是个阴暗狭小的地方，这些诗句中散发的灵感光辉——每件物品"用天光装饰"的感觉——更令人震惊。拉戴尔菲尔和纳普斯卡的陡坡将这个小小的石灰墙房子挤向北、南和东面；只有朝向西南才能看到格拉斯米尔湖和前面的山，而山间色彩和云影不断变化，就像华兹华斯的妹妹多萝西（Dorothy）经常描绘的那样。

这栋房子原来是个酒吧，名为"鸽子和橄榄枝"，位于前往拉达尔的路上；"温暖舒适"这个词也许是为它而造的。当华兹华斯进门时，将他淋湿的外套脱在前庭，会发现在这个又小又低的房屋里有欢迎他的炉火，低矮房间用深色橡木壁板从地面一直装饰到天花板。装有嵌板的墙壁上有深深的烟灰痕迹。格子窗现在要比那时宽大三分之一，向外看主要就是威廉和多萝西房前花园的一角。现在，这里是一面干燥的石墙，上面长满了常春藤、老鹳草和野生草莓。在雨里，每个叶茎和每片绿叶都被钻石般的雨滴所装饰。

> 对于我来说，最吝啬开放的花
> 可以提供思想
> 它们通常深深埋没，以求眼泪。

入门处的房间，被称为"大起居室"，挂有一幅画作，画中是一只悲伤的斜眼狗。这是"胡椒"，是华尔特·斯科特（Walter Scott）爵士送给华兹华斯的礼物，它提醒我们这里曾有孩子居住，至少有几年是这样。1802 年，威廉与玛丽·哈钦森（Mary Hutchinson）结婚；到他们搬出这里时，有三个未成年的孩子，他们有时睡在厨房桌子下的凹槽处，被塞进篮子里，有时睡在没有暖气的楼上的小房间，这个房间的墙上被多萝西糊上了《时代》杂志的刊页。刊页需要被替换下来，华兹华斯基金会以极大的耐心和真诚来做这件事，找到正确日期的那些页，包括一页来自 1800 年的，上有华兹华斯和柯勒律治 4 革命民主化诗歌《旋律民歌》（*Lyrical Ballads*）的广告。被称为报房的房间诠释了住在这里的人的大概情况。从住在遥远的格拉斯米尔时起，华兹华斯一家就紧跟当时的新闻，渠道包括报纸以及许多来访者，但是好的旧报纸

4　塞缪尔·泰勒·柯勒律治（Samuel Taylor Coleridge, 1772—1834），英国诗人和评论家。他的一生是在贫病交加和鸦片成瘾的阴影下度过的，诗歌作品相对较少。尽管如此，柯勒律治还是坚持创作，确立了其在幻想浪漫诗歌方面的重要地位。

的真正用途是保持婴儿们的温暖。这是一个不浪费任何东西的房子：花园里的山茱萸枝叶被剥皮和打磨，制成牙刷，而喝过的茶叶被晒干并送给朋友。

厨房的情况也一样。在（后来的）壁炉之上排列的两件物品，显示出节俭——还有光的重要性。其中一个是蜡烛模子，熔化的羊油和蜂蜡被灌在里面冷却。另一个是灯芯草蜡烛台，灯芯草可以对角调整，供一个人阅读或写作；或者水平调整，两边都燃烧，以供两个人使用。通常有两个人晚上在这里工作：威廉坐在他最爱的"弯刀"椅或藤制沙发（两样物品还在）上口述，多萝西或玛丽记录。灯芯草或蜡烛的微弱灯光不能照得很远；也许，它只能照到桌面。同时阅读或缝纫的人，需要把头凑到一起。从外面漆黑的瀑布看过来，窗户也许像一颗星星那样闪耀着光芒。

华兹华斯一家在格拉斯米尔是诗人、妹妹和妻子的三角关系。两位女性均服务于这位伟大的男人，为他烧小羊排和修补厚色灰袜子，焦虑地看他如何吃睡，因为作诗耗尽了他的精神。她们都爱

他，他也爱她们。他与多萝西以及多萝西与他的
关系似乎是非常正确的，二人被兄妹间的温柔和
相互启迪粘在一起。不管如何，家里总有一些小
动静，有一种被压抑的情绪。特别是在威廉的房
间，这里在 1802 年成为多萝西的房间，在这里，
她观察到燕子在窗户檐下反复筑巢。现在房间里有
威廉和玛丽的婚床，上面铺着方格被子，非常小而
舒适；多萝西在床上钉了帷幔和麻布围帘，使它更
舒适，俨然是一个爱巢。水池上的镜子是多萝西
的，微弱而斑驳的镜子反射着床。这上面有威廉的
小箱子，很可能是多萝西为他打包的：1802 年他
在法国待了四周，重访他的一位法国情人，箱子
里有白天和晚上穿的衬衣各一件、一个笔记本和
一支笔。

　　鸽屋里现存的物品不多。大部分都被运到了路
另一侧的华兹华斯博物馆，或者在旁边杰伍德中心
极为现代的图书馆和档案馆中。但是在楼上的玻璃
橱柜里，有华兹华斯的木冰刀，他把它们钉到自己
的鞋子上（"所有东西都被钢铁装饰 / 我们在游戏
中滑过打磨的冰面 /……每块冰岩 / 像铁一样叮当

作响。")有精致的茶杯,它们磨损的边仿佛仍能保留窃窃私语,附近放着一小瓶暗黑的肯达尔黑滴露鸦片酊,用于治疗疼痛。但是也许最动人的,是他死后在衣柜发现的一小片明亮的蓝色石头。"W 先生的眼睛被我们的访客雷纳兹先生治愈,他开的处方是,用蓝色石头碰他们,就好像对他们施法一样。"玛丽的妹妹莎拉·哈钦森(Sara Hutchinson)于 1826 年写道。在同一个架子上还有一副眼镜,能确认那些曾"看穿物体生命"的眼睛实际上是非常虚弱的,而且通常会伤害他。

在鸽屋的后窗,花园挤进来,充满了绿色,在雨中闪耀。玫瑰被淋湿后变得沉重,倚靠着窗,蕨类植物的叶子像水一下垂下来。草坪又滑又陡,向树林和瀑布延伸。威廉和多萝西在"这个山间隐地"劳作,多萝西在日记里一直有记录:给红花菜豆搭架子、剪掉豌豆根、移植"红萝卜",威廉打了一口又浅又充满泥的井。他们种植的蔬菜大部分用于自食,搭配几乎是一生都喝的粥。在这个"亲爱的地方",威廉搭建了一个平台,他可以在上面走来走去,看着湖和最爱的山盔岩及银山,以寻找灵感。"我们来回行走,"多萝西在 1802 年 3 月 17 日写道,直到"威廉被点燃了,开始写诗"。另一次,在 4 月末,"与威廉来回走——他向我重复自己的诗——然后继续工作,不愿休息"(可爱的北部音调)"——他直到五点也没吃完晚饭。"多亏了多萝西的记录,我们知道他正在写《致小白罂花》(*To the Small Celandine*):

> 在灌木抽出嫩叶之前,
> 在画眉忆起筑巢之前,
> 你伴随着半声轻唤,枯萎凋零。
> 犹如无忧无虑的浪子,
> 展现光泽亮丽的胸膛。
> 当我们只感到一丝温暖,
> 或冰冷如初,
> 讲述与太阳有关的故事。

花园顶部搭建了一个小屋子,下面有一堵"被草皮覆盖的墙",他们从那里观察坐着四轮马车的游客经过。人们会好奇,游客看到他们会有什么想法：瘦削的、长着鹰钩鼻子的诗人，苗条而梦幻的女人们，他们的手因做家务而发红，在花园草地里，他们躺在大衣上，看着花瓣飘落，听着鸟儿鸣唱。

午后的阳光照在鸽屋上，就像上帝的恩宠。日本游客被震惊了。他们从后门走出来，眨着眼睛，不再需要他们的雨伞。正如华兹华斯所做的，他们"看到光影在阳光下舞蹈"，被雨水最后的闪光所洗涤。人们很容易对湖区的天气失去信心。但最后——就像在这所谦逊房子最昏暗的角落一样——以这种力量激发出的光芒一直都在。

> 太空诚然有煌煌巨星，诚然有
> 从苍穹绝顶吐射明辉的星座，
> 半个世界都望见它们的丰姿，
> 半个地球都感受它们的光照；
> 但也有像星火那样不大耀眼的
> 在幽暗山岗上荧荧照射的孤星，
> 也有像寒灯那样闪烁不定的
> 在枯树枝丫间隐现的疏星点点；
> 和它们相比，那些煌煌巨星呵，

未必身份更尊贵，素质更纯洁，

全都是同一天父永生的儿女；

诗人啊！就按照上天给你的能量，

在你的位置上发光吧，要怡然知足。

撰文 / 安·沃伊[*]

鸽屋

英国坎布里亚郡格拉斯米尔，邮编：LA22 9SH

惊喜迸发
普拉多美术馆，马德里

Agony to Ecstasy
The Prado, Madrid

我与博物馆的接触是一场包含三个部分的游戏——
到目前为止——这三个部分都和"孩子"有关。第一
个部分，我是个孩子；第二个部分，我不是孩子；
第三个部分，我是孩子的家长。我对博物馆"是什
么""为什么是这样"的感觉，都随之相应地变化。

博物馆是教育的地方，而大部分教育发生在
童年，因此博物馆自然与孩子是有关系的。无论如
何，理论上是这样。在实际生活中，对我来说，博
物馆是折磨人的地方。我的父母带我去博物馆，就
是折磨我，我则用不可避免、不可安慰的无聊来反
过来折磨他们。这通常发生在出国旅行之中，因为

他们住在中国香港，那里博物馆不多——我那时认为，这是香港最好的地方之一。当我们度假时，他们会不时拖着我前往世界各地的伟大的博物馆，比如伊斯坦布尔的托普卡珀皇宫就是其中一个。现在，我当然认为那些地方很棒，我感谢我父母的远见。但是，当时，对一个未到青春期的男孩来说，他感兴趣的是科幻小说、足球和国际象棋，而博物馆就像地狱。

直到我的间隔年，转变才出现。我花了好几个月坐火车在欧洲旅行，那时我 19 岁，被艺术迷住了。每当到达一个新的城市，第一件事是找一家青年旅社，第二件事就是去当地主要的博物馆。博物馆令一个陌生的城市有了焦点和意义。我在哥本哈根参观了盛大的毕加索回顾展；在奥斯陆看到了蒙克的《呐喊》（*The Scream*），这幅画以更大的力量冲击我，因为我在没有任何准备的时候意外地看到它；在赫尔辛基看到芬兰女雕塑家埃拉·希尔图宁（Eila Hiltunen）的作品《西贝柳斯纪念碑》；在雅典的国家考古博物馆中参观；在慕尼黑老绘画陈列馆看到了丢勒的自画像。

在慕尼黑的那个下午非常神奇。我走出博物馆，发现一家啤酒花园，在里面看到了比我刚才看到的艺术作品更神奇的东西：四个与我年龄相仿的孩子，坐在高脚桌前，面前是几升啤酒。然后奇怪的事情发生了：他们看看自己的表，又对视了一下，点点头，然后起身离开，没有喝完啤酒。每个人大约留下了三分之一的啤酒。我从未见过这样的事，第一次知道酒还可以留在杯子里。我的朋友，以及我所知道的所有人，不会不喝完一杯酒的。显然世界比我所知道的要更大更神奇。

这场旅程的高潮，从博物馆参观的角度来说，是普拉多。那是我三个月火车通票的最后一站；在那之后，就从马德里到加来[1]，然后乘船回家。普拉多在那时是——如今也依旧是——伟大城市马德里中最棒的博物馆。在"到坊巴黎的理由"列表上，"参观卢浮宫"名列前茅，而大英博物馆之于到访伦敦，大都会博物馆之于到访纽约，大抵也是如此。对于马德里来说，这一独特的光荣的位置属于普拉多美术馆。我在那几个月里变了很

1 加来，位于法国北部，与比利时接壤。

多，到那时我已经真正开始期待参观博物馆：来到一座城市，只为参观当地一家博物馆。在我小时候（更不要提我的父母），这是不可思议的事情。

第一次来到普拉多，我印象最深刻的有两件事，一是强烈感受到了西班牙文化的独特性，二是一种强烈的感觉认为，收藏的核心是疯狂、妄想、性和死亡。我当时 19 岁，所以觉得这很棒！任何对艺术哪怕只有一点点兴趣的人都看过耶罗尼米斯·博斯[2]的杰作《干草车》（*The Haywain*）和《人间乐园》（*The Garden of Earthly Delights*）的复制品。我阅读过导游手册，所以已经在某种程度上见过这些作品。但是，真迹比我想象的要令人震撼得多。

作为一个年轻人，无论对事物有多深的成见，你通常知道自己在尝试不同的思想和态度。你与脑外世界的接触也是了解自己的尝试，因此它可能既深刻又肤浅：你可能举重若轻，通常是太轻了。我对性、疯狂、黑暗、魔法、死亡有着浓厚的兴趣，同时在某种程度上，我知道自己

2 耶罗尼米斯·博斯（Hieronymus Bosch, 1450—1516），荷兰画家。他的多数画作是描绘罪恶和人类道德的沉沦。他的作品复杂，有高度的原创性、想象力，并大量使用各种象征和符号，晦涩难解。

是在玩概念。但是博斯：他不是在玩儿。那些莫名的、平面的、可怕的画——即使是在调色板上也是奇怪的，花园呈疯狂的粉色——不是游戏。那幅画充满了性，在某种程度上每个 19 岁的人都可以立即理解，尽管它也是持续的、歇斯底里的无性，因为其中并没有真正的性。这些赤裸的身体处处极端，除了性。绘画是冗余、抛弃和妄想的描述，同时又有一种在禁忌下操作的压倒性力量。

在普拉多的同一间展室里，那时和现在都还展有勃鲁盖尔 [3] 的《死亡的胜利》（*Triumph of Death*），这是另一幅即使你对绘画没有任何专业概念——如那时的我一样——你也会立即认为它是一幅杰作。现在，30 多年后再次来到普拉多，我认为这幅绘画既是某种战争的记录，是中世纪和宗教的，也是另一样东西的先驱，是现代的冲突，其中死亡是一种绝对力量，是平民生命的收割者。如今，它对于我来说似乎是在描述一件从过去到现在，一直在发生的事情。但是，在我第一次参观的时候，我认为它是另一个

3　勃鲁盖尔（Bruegel, 1525—1569），尼德兰画家，主要以农村生活为题材，被称为"农民的勃鲁盖尔"。

幻境，另一幅美景；是适合专横的君王腓力二世挂在自己皇宫的作品。腓力二世购买了博斯的多幅绘画，并在城外建造了黑色的、邪恶的埃斯科里亚尔宫。这个疯狂的国王在其疯狂的城堡里收藏疯狂的绘画，在另一个房间里还有他疯狂的妻子玛丽皇后的画像，她严肃的脸上闪耀着狂热：博物馆就像是文化、疯狂和国家认同的漩涡。

我期待相遇的画家是戈雅[4]，我"知道"他，是因为他是我喜爱的作家海明威之所爱。我并没有找到想要找的作品。我想这可能是因为我犯了一个容易犯的错误：普拉多的布局将"黑色绘画"，也就是戈雅最后几年处于精神最低点和艺术最高点的作品放在楼下，在那里如果你按顺序参观西班牙展厅（通常来说，你也许会这样做），你会在看到他早期职业生涯和中年作品之前看到这些晚期作品。这是不对的：你需要按时间顺序来安排参观路线。第二次参观时，我确保我是按正确的顺序参观的。

19岁时，我先看

4 弗朗西斯科·戈雅（Francisco Goya, 1746—1828），西班牙浪漫主义画派画家，对后世的现实主义画派、印象派有很大影响，代表作有《着装和裸体的玛雅》《阳伞》等。

到的是黑色的画作，看不出来它们到底要表达什么。在博斯和勃鲁盖尔之后，这种恐怖看起来不算什么，仅是个人的。《1808 年 5 月 3 日》（*The Third of May 1808*）是一幅杰作，但在我看来，觉得很一般。

詹姆斯·芬顿 [5] 认为，你不评价伟大的艺术，它就会来评价你。我没能通过戈雅的"考试"。在三十多年后回到普拉多，戈雅并没有变化，因为他不需要；但我有了变化和成长，他在绘画中的力量和辛辣在我看来是不相匹配的。为我解开他作品之谜的是一位朋友的评论，他说戈雅是"进入黑暗的莫扎特"。是的，戈雅早期的作品有一种莫扎特式的庄严优雅、充满力量、富于想象力。没有人的正式肖像画比戈雅画的更有表现力了，它用四种技巧，即正式的美感、外部现实主义、心理现实主义以及画家之于对象的感觉来达到这一切。将他的查尔斯四世与斐迪南六世肖像画对比，你就会知道戈雅喜欢或讨厌的是谁，也可以看到这些人到底是什么样子。《着装和裸体的玛雅》（*The Clothed and Naked Maya*）也是一组著名的作品，但是

5　詹姆斯·芬顿（James Fenton, 1949— ），英国诗人、记者、文学评论家。

他对阿尔巴公爵夫人与其保姆争吵的小幅画作更有情感，有趣而无礼，主人公的身体在黑色长袍下无疑是性感和充满活力的。

当你以正确的顺序参观到黑色的画作时，你会了解到，它们是一种从公共生活、从快乐和性、从陪伴、从世界的撤退。它们的标题，即使是它们拥有标题这个事实，也是有误导性的。它们是戈雅为自己所作的……为他自己的……这里的宾语是模糊的：快乐？使用？分心？自我折磨？他刚搬出了马德里，居住在一所被称为金塔索尔多——意为"聋子的房子"——里。画作是直接画在墙上的，没有标题，这增加了它们的不安感，仿佛是从无形和梦魇中出现的：在恐惧、愤怒或斥责中呼叫的脸（非常像聋子在恐怖中的形象）；一个魔鬼在吃一个孩子，很可能是他自己的孩子；一群崇拜山羊的野蛮的脸；盘旋的女巫。像戈雅那样，那么热爱世间万物，却来到了这样一个只能感受到被背叛、苦闷和孤独的地方，但他仍能创作出这样亲密而有力的艺术作品。只有毕加索像戈雅那样，一生都以这种感觉绘画：完满的一生。

我19岁时怎么可能理解这些？我有时候开玩笑

说，艺术必须严格以 18 岁分级。至少可以给孩子一种感觉，艺术是危险的。这样也可以使我小时候免受那么多的无聊。作为父母，我认为博物馆对于孩子们来说大部分是浪费，家长冒险给孩子一种文化和过去的顺势疗法，只会消除他们对生活其他部分的兴趣。这次我来普拉多，看到有许多小学生坐在地板上，听老师介绍《人间乐园》和《1808 年 5 月 3 日》，这些绘画在我看来，完全是成人恐怖片。这可能是个错误、浪费和对艺术的误解。我不会对我的孩子这样做。事实上，他们也不会让我这样做。同时，我自己也在想，如果我没有在童年被拉来，我是否会自愿前来。也许艺术的对话，就像大部分对话一样，是你需要在参与之前聆听一会儿，才能自己加入。我想我要说的是，也许我的父母是对的。

撰文 / 约翰·兰彻斯特 *

普拉多美术馆

西班牙马德里阿拉贡普拉多大道鲁伊斯街 23 号

邮编：28014

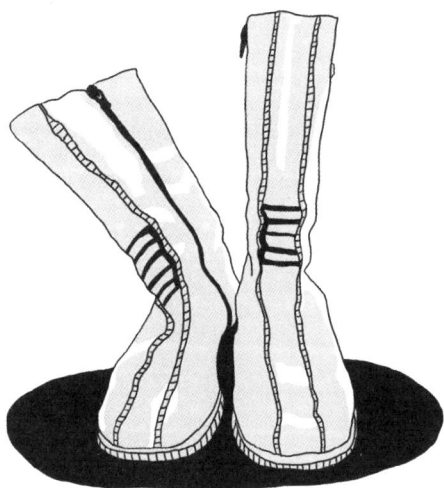

心碎博物馆
心碎博物馆，萨格勒布

The Museum of Heartbreak
The Museum of Broken Relationships, Zagreb

当我走近展厅时，一对正在亲吻的情侣迅速分开。男子走到小小展厅的另一边去研究某样东西；女子则端详起面前展品的说明。男子穿着一件带帽的运动衫；女子挎着一个红色的包。因为他们都很年轻，他们之间不太可能有什么非法关系，所以也许只是我让他们觉得尴尬。

他们走后，我去看刚才他们面前的展品。那是一个蚕豆加热器。"在埃及有说法认为，蚕豆最好在热着的时候食用。"展品说明上写着，"我们的关系从未加热，但我们的友谊就像干蚕豆那样坚硬。"说明解释道，这一段恋爱关系从 1990 年延续到

1991 年，正好与克罗地亚独立战争的时期相吻合。我在想这两件事是否有联系——战争是否是这一爱情失败的原因。

在对面的墙上有一套剃须设备，是 20 世纪 80 年代一个 17 岁的女孩送给她已婚的情人的。当把它捐献给这座博物馆时，这个已婚男子写道："我希望她不再爱我。我希望她不知道，她是我唯一爱过的人。"

博物馆的几乎所有东西——一个接一个展厅的墙被漆成白色，灯光照亮的展示桌、动物标本、瓷狗、丝绸裙子、外套、帽子和书、或是塑料或是玻璃或是瓷制的装饰品、相册、时钟和家用电器——重复着相同的信息：爱情以失去告终。爱情以失去告终，总是这样。只有蚕豆加热器，仍在其原来的盒子里，暗示着未实现的爱也许仍能带来某种快乐。

我最初邂逅心碎博物馆是去年初夏在萨格勒布[1] 老城经过格拉代茨湖的时候。当时我在追随新小说《被雇佣的人》（*The Hired Man*）中人物的脚步，他们搬到了这座城市，某天在杜布

1　萨格勒布，克罗地亚首都。

罗夫尼克饭店吃午餐。我开始是根据关于这座饭店以及托米斯拉夫广场的描述幻想了这一场景，他们在这里看着百年大树被砍倒。后来，我与丈夫一起来到萨格勒布，来把这个场景经历一遍，确保所有的事实正确。广场与饭店很近，比我想象的更近一些，但是从扎达尔[2]到萨格勒布驾车花了好几个小时，当我们到达时，在饭店吃午餐已经太晚了。因此，我们随意走进了老城区，就在圣马克广场的一条小街上，与这座博物馆相遇了。

当你走进博物馆的时候，右边是一家小小的咖啡馆，左边是纪念品商店和购票处。在你前面有一排展厅，每一个都有名字。一些名字很有想象力，就像赛马场上的那些纯种马一样——距离的诱惑、欲望的幻想等。从"愤怒与喧嚣"向右转，穿过"时间的浪潮"，进入"穿越的仪式"，再前往"家庭的矛盾"（就是那里我发现了那对心怀不安的情侣）。如果你直接穿过"愤怒与喧嚣"，你会来到"悲伤的回响"，以及最后一个展厅"历史的封印"。这一部分老城主要是由都市建筑组

2 扎达尔，克罗地亚西部港口。

成的，而博物馆的石地板展厅此前主要是用作办公室。"悲伤的回响"展厅里，墙面有老旧的白色瓷砖，看起来似乎曾经是便池。

每个展品旁边都有说明，上面写着恋爱发生的时间和地点，并提供了捐献者关于捐赠品的说明。所以，在第一个展厅，墙上有一双黑色皮靴："骑手靴 1996—2003 萨格勒布，克罗地亚。在去巴黎旅行前，我为安娜买了这双靴子。后来，其他女孩也穿过它们，但它们一直是安娜的靴子。"

奥林卡·维斯蒂卡（Olinka Vistica）和德拉任·格鲁比斯克（Drazen Grubisic）是这座博物馆的创始人，曾经也是一对恋人。几年前，在一个炎热的夏天，他们不再相爱，并开始将公寓里的东西分开。他们和平分手，但悲伤不会因此减少，所以他们一起在房间里把东西分类，描述恋爱关系中共同拥有的回忆。杯子、CD、烟灰缸、咖啡豆研磨机、锅、地毯、书、徽章、围巾："即使是最平凡的东西也（曾）有故事。"有一些东西是每个出于好意的朋友、每本失恋自救手册、每篇关于如何从心碎中恢复的杂志文章都鼓励像他们这样的人扔掉、烧掉、毁掉或捐给慈善机构的——不惜一切代价要解决掉。当爱情结束，什么东西也不要留下来。但是这一对并不这样想。他们认为把多年来给了他们快乐和幸福的爱的证据丢掉是很无情的。他们决定打造一个展览，为失去爱情的情侣们提供机会来举办一个仪式，为自救手册提议的破坏行为提供了另一种选择——"一个通过创造来克服情感崩溃的机会"。到现在，藏品数量已经翻了好几番，并在萨格勒布找到了一个永久的家。移动展览在世界各地巡回，并沿途收集展品，给布宜诺斯艾利斯、柏林、开普敦、伊斯坦布尔、休斯敦，甚至是英国林肯郡斯利福德那些心碎的、被背叛的、被剥夺的人们一个机会，来分享他们的故事。

在我第一次参观的时候，我觉得奥林卡和德拉任似乎是心血来潮——所有这些物品人们都不忍再看，那么它们在这儿的意义是什么？我们家里有各种心爱之物：传家宝、礼物、从遥远地方带回的东西，都充满着感情。在我的书架上有一个在廷巴克图[3]购买的蓝色锡壶，在壁炉上面有一块雕

3　廷巴克图，位于非洲马里。

刻的石头，是我深爱的教子给我的，在厨房有死去狗狗的项圈，用一个钉子挂着。所有这些积累的图腾，伴随我们的一生，从一个家到另一个家起伏，是我们活过的实物证据：我们的回忆因此而坚实。

当我遇到我丈夫的时候，他送给我一个压铸的勋章，上面有占星图，这是他在旅行时购买的。我把这个勋章放在钥匙链上，带它走遍世界；当我在马里购买那把锡壶时也带着它。作为回礼，我送给他自己的一个护身符，是从塞拉利昂购买的小铜像，他也一直挂在钥匙链上。在小说《被雇佣的人》里，小男孩杜若的初恋送给他一个小瓷心。在其服军役的多年期间，他一直把它放在口袋里，甚至在那个女孩嫁给了别人的时候。交换爱情的信物是我们都会做的事情。

我在冬天回到萨格勒布。空旷的停车场上有许多从街上铲过来的雪。我发现自己巧合地预订了杜布罗夫尼克酒店，许多萨格勒布的老年居民，戴着帽子，穿着有毛领的大衣，正在酒店的咖啡厅里喝早晨的咖啡，这一定和他们从饭店 1929 年刚建好时所做的一模一样。

早餐后我带着一张地图前往博物馆，不确定我是否还记得路。地图带着我走了一条不同的路，穿过教堂，我进去看了看圣人的雕像，又穿过了石门，在它的拱门下有一个圣母玛丽亚的祭坛。在一个角落，有个妇人正在卖蜡烛，另一个女人向铁栏杆后的画像祈祷。1731年，一场大火烧毁了老木门以及周围的一切，除了圣母和圣子的画像，至少传说是这么说的，因此它们被认为具有某种神奇的力量。

信众们低头站着，双手合拢，从一个遗迹缓慢而沉默地走向另一个，他们就像是博物馆的参观者。这是工作日的早晨，博物馆里几乎没人，只有几对年轻人，以及几位穿着别致旅行服装的中年妇女。据我所知，博物馆的参观者中，女性占十分之七，大部分不到40岁。

在第一个展厅，安娜的靴子旁边，是承载那些爱已逝去的记忆，又没有空间再容忍新的爱情发生的东西。情绪是渴望。下一个展厅则装载着回忆的痛苦——似乎比前面那个展厅的爱要伟大一些。在"欲望的幻想"展厅里，水晶帘后有一对假胸从墙上突出，是一个妇女捐出的，他的丈夫要求她在做爱时必须穿着它们，直到她离开了他。一个妇女从德国寄来一把斧子，她的同性爱人因为别人而离开了她。当爱人与新欢外出度假时，这个被抛弃的女子购买了这把斧子。"在她休假的 14 天里，每天我会砍一片她的家具。"她把这些家具的碎片整理整齐，等待她的前任回来拿走自己的东西，然后把碎片展示给她看。

我快速地走向后屋，被一个展示台上闪烁的红灯所吸引。前面正是之前我发现在亲吻的那一对儿。他们揽着对方的腰站着，她把头放在他的肩上。当他们过一会儿离开后，轮到我参观那件闪烁的物品了。

这里的故事让你想哭。13 年后，当他们的爱情发展成为友情，丈夫离开了妻子。妻子带走了他们的小狗，因为丈夫觉得她更需要安慰。几个月来他一直心有不快，也许是因为他想念她，我们不得而知。不管他感受如何，他没有选择复婚。她为他担忧。一天，他收到她寄来的一个包裹，里面装有一些小东西，他说："每一个都让我更伤心，大部分是她想安慰我，即使她才是那个受苦的人。"其中有狗的项圈，上面有闪烁的红灯，这是她为狗狗买的，防止它走失。在他们分开的那年里，丈夫曾跟妻子说过"迷失"的感觉。在分开一年后，妻子去到一个陌生小镇的酒店，在那里自杀了。这个闪烁的红灯，他说，让他想起她的心跳。

当我走在博物馆里，是这样的故事——震惊的、有趣的、令人不安的——吸引了我的注意力。后来再次来到这个地方时，我发现自己记得的是不那么具有戏剧性的展品：安娜的靴子，或者一本结婚相册——那是一位在第一段婚姻中不幸，但现在在第二段中很快乐的妇女捐赠的。想到这些，我似乎明白了些什么：不管过程有多长，有多痛苦，人们能够了解自己，了解爱。

我穿过耶拉西奇广场，这里曾被称为共和国广场，我想这个国家，在经历了多年战争后，与我 1969 年第一次来到这里时相比，几乎没有什么变化。我清楚地记得那个假期，尽管当时我只有 5 岁——与姐姐站在海滩上，我的母亲和她的新丈夫从海上的一艘木船上叫我游向他们。我很害怕：我想要我的救生圈，但它在船上，而我们中间至少有

50 米。船长的侄子，当时差不多八九岁，抓住我的救生圈，潜到水中，把它带给我。在那之后的整个假期，他就是我的英雄。我记得，因为那是第一次我对一个男孩有那种感觉。

还有多少东西尚未可知。

撰文 / 爱米娜塔·福纳 *

心碎博物馆

克罗地亚萨格勒布西里罗米托德斯卡 2 号

邮编：10000

安静的剧场
约翰·里特布赖特爵士画廊，伦敦
The Quiet Theatres
The Sir John Ritblat Treasures Gallery, London

由于文学节的兴起，作者们被迫走到台前，与读者们见面，吸引新的读者，现场回答问题。读者们一定会问到以下两个问题：关于想法——它们来自哪儿？还有关于写作方法——你用钢笔还是铅笔，你每天早上还是晚上写作，你在写作中会经常修改吗，或者依赖于改稿？听起来很容易厌烦。当菲利普·拉金[1]接受《巴黎评论》（*Paris Review*）采访时，被问到为何会使用蟾蜍的形象来代表工作，他回答："纯粹是天才！"但事实上，读者和作者都对写作最原始的细节很感兴趣。读者感兴

1　菲利普·拉金（Philip Larkin, 1922—1985），英国诗人。

趣，是因为它与日常书写（每天写信、写工作备忘录或如今的电子邮件）极为贴近，由此加深了作家的神秘感，而作家感兴趣，是因为他们想建立一种可依赖的程序，能定期生产出产品。

手稿是安静的剧场，是这种"戏剧"表演和保存的地方。我自己对它们的喜爱开始于自己写作的时候，那是约 40 年前，我还是个年轻人。我的导师杰弗里·凯恩斯（Geoffrey Keynes）是梅纳德·凯恩斯[2]的兄弟和外科医生，梅纳德在剑桥附近的家里有座大图书馆，收藏有各种手稿，他会以一种令人印象深刻的姿势把手稿递给我。我记得弗吉尼亚·伍尔芙《关于生病》（On Being Ill）一文的手稿，这是她的丈夫利奥纳德送给杰弗里以示感谢的，杰弗里使伍尔芙从其中一次自我毁灭的压抑中走出来。流畅的笔迹、紫色的墨水、修改的文字仿佛会飞扬起来：所有这些都令人着迷。但是更打动我的，是手稿的真实性。这是不可辩驳的证据，某个人某天坐下来，打开钢笔帽，只是开始工作，就产生了令人吃惊的智慧和联想。

2　梅纳德·凯恩斯（Maynard Keynes，1883—1946），英国人，现代最有影响的经济学家之一。

　　这是我第一堂重要的课，关于手稿的力量——以及它们的价值取决于什么，拉金曾说那是"意义"和"魔力"。"意义"是说手稿告诉我们它产生的时间、时机和速度，还有第二次（或第十次）思考的力量。所有的东西，事实上，对于学者来说都是不可省略的，对于粉丝来说则颇具吸引力。"魔力"是指思想的内在神奇性，济慈（或丁尼生，或王尔德，或哈代）在它还是白纸时拥有它，他们的手触碰它，他们的呼吸滑过它，他们从无之中生出某种不朽的东西。

　　我的第二课更为遥远，但是更具有决定性。当我在青年时代开始写诗时，我也开始购买诗集。我拥有的第一批书之一就包括《威尔弗雷德·欧文诗集》（*Collected Poems of Wilfred Owen*），它是塞希尔·戴·路易斯（Cecil Day Lewis）编辑的。我买这本书，是因为那时的英文课正在学欧文，这是诗歌第一次吸引了我。我的家在农村，完全不是书香门第。我的母亲读过一点艾丽丝·默多克[3]，以及类似的东西；我的父

3.　艾丽丝·默多克（Iris Murdoch，1919—1999），爱尔兰作家，著作等身，获奖无数，以《大海，大海》获得 1978 年的布克奖。

亲说一生只读过半本书——哈蒙德·伊恩斯[4]的《孤独的滑雪人》(*The Lonely Skier*)。

在欧文诗集的附录里有其伟大的十四行诗《被诅咒青年的赞歌》(*Anthem for Doomed Youth*) 部分手稿的复制品，其中不仅显示出欧文自己对第一版的订正，还有他的朋友西格里夫·萨松添加的修改。欧文于 1917 年在爱丁堡的克雷格洛克哈特医院向萨松展示过自己的诗，那时他们都因弹震症而休养。新手诗人的经验是显而易见的：从比你学识更高的人那里吸取建议；但不要盲从权威；灵感要与汗水结合起来。

当我到牛津读英语专业时，这些早期的经历得到不断加强，因为博德利图书馆[5]定期展示其收藏的手稿。有一份雪莱[6]的《西风颂》的草稿，像蜘蛛一样棕色的手书猛烈撞击着页面，就像风扫过一样——以日期 10 月 25 日结束，使其定格于某一特定时刻。

4　哈蒙德·伊恩斯（Hammond Innes，1913—1998），英国小说家，著有三十多部小说及多部儿童作品。

5　即牛津大学总图书馆，建于 1602 年，也是英国第二大图书馆。

6　雪莱（Shelley，1792—1822），英国著名作家，浪漫主义诗人，代表作包括《解放了的普罗米修斯》和《西风颂》。

后来，我待在牛津写一篇关于诗人爱德华·托马斯（Edward Thomas）的论文，他于 1917 年在阿拉斯被杀，生前留下的手稿成为我日常生活的一部分。再后来，我于 1999 年获得桂冠诗人的称号，代表英国图书馆和作家发起一场运动，希望一部分从英国流入美国的手稿可以回到英国图书馆。我并不是针对美国或其图书馆：我只是认为将这些东西留在离其产生地附近的地方是有价值的——学术上、哲学上、情感上的价值。

大英图书馆在这场运动中发挥了重要的作用，这也是恰当的，因为它有英国最卓越的手稿常设展。这除了要归功于其极为丰富的收藏（现在仍在不断添加——最近的是 J. G. 巴拉德[7] 文献），还要归功于房地产巨头约翰·里特布赖特（John Ritblat），他的慷慨捐赠让图书馆在 1998 年搬到现在的圣潘克拉斯，并设立了一个以其名字命名的展厅。

人们很容易认为这个展厅理所应当。与视觉艺术相比，手稿的价值和美并没有

---

[7] J. G. 巴拉德（J.G.Ballad，1930—2009），英国小说家、专栏作家，代表作品有战争小说《太阳帝国》（*Empire of the Sun*）等，其多部作品被改编成电影。

被广泛认可，但这间简单的、中等大小的，黑色墙壁、光线昏暗、氛围令人敬畏的展厅，是世界上最伟大的宝藏之一。这是一个既令人快乐又能学习的地方，是既令人惊讶又充满理解的地方。每次我带学生的时候，都坚持让他们来这儿：这是英国文学的实地旅行版。

部分收藏是永久陈列的——与刘易斯·卡罗尔（Lewis Carroll）和"爱丽丝"系列图书相关的物品，以及披头士乐队一些歌曲手稿。这些歌曲手稿与其他展品一样，是个好的开始，摒弃了那些认为此类展览是老旧的、只出于狭隘的学术兴趣的想法。披头士的音乐和文字仍具有生命力，而极少其他形式的书写能做到这一点。正如在这儿所看到的，他们的作曲是灵感与汗水的结合。保罗·麦卡特尼（Paul McCartney）的《米歇尔》（Michelle）是他还在读书时写下的，展品说明上写着："波希米亚的巴黎左岸对艺术类学生产生了时尚的影响，他试图写一首听起来像法语的歌。"几年后约翰·列侬（John Lennon）建议，如果保罗想让它听起来像法语歌，可以使用一些法语单词——因此就有了"我的美人儿"等。这听起来不太普鲁斯特，却十分有用。这首歌被收录在《橡胶灵魂》(Rubber Soul)里，后来成为披头士乐队唯一被格莱美评为年度歌曲的专辑。

这里展出的 8 份披头士歌曲手稿的共同价值在于它们那不可思议的平凡——它们很好辨识，从最普通的起源涌出了持续的声名。《一夜狂欢》(A Hard Day's Night) 下笔很快，是用圆珠笔和荧光笔写成的，是对林戈·斯塔尔 (Ringo Starr) 描述披头士热闹生活的词语的回应，它被写在送给婴儿朱利安·列侬 (Julian Lennon) 的生日卡片上。《我想握住你的手》(I Want to Hold Your Hand) 有相似的速度——在最后约翰·列侬写道，就像作为老师评论自己一样："10 月 3 日过来找我。"同样的极端平凡性在《昨日》(Yesterday) 的手稿里挑战我们。这也许是历史上被翻唱最多的流行歌曲，录了 3000 多种版本，但它开始得非常简单：在一张普通的纸上写着普通的文字。

披头士的手稿是神奇的——它们非常有吸引力，但本身又缺乏重要性，看来十分脆弱。当我们从它们那儿离开，就会发现自己置身于光谱另一端的文字之中——这包括了可能是展馆里最伟大的珍藏：《圣诗》（*Psalms*）的残片，它来自公元 3 世纪，写于莎草纸上；《西乃抄本》（*Codex Sinaiticus*），这是以希腊语所写的《新约》最早的全本；《亚历山大古抄本》（*Codex Alexandrinus*），源自 5 世纪上半叶，是以希腊语所写的全本《圣经》最重要的手稿之一。

在这里，"手稿可以启发思考"的概念拥有最崇高、最恰当的表达——就像它在耆那教、印度教、伊斯兰教和犹太教那些优美的古代经文中一样。这里有一部来自韩国的《华严经》，是于 1390—1400 年在桑皮纸上创作的，上面精致地描绘了鹿、兔、熊、鸟以及毛发蓬松的人类形象。从某种独特的意义上说，这些展品一度是思想和感觉的蒸馏（小到足以一眼就看到，并被某个个体所吸收）和迸发。看着它们，就像在注视着世界历史。即便这些展品中没有照片，没有音乐，都同样有这种影响。这种感觉就像躺下来看星星一样：是势不可当的。

　　所以，转向展览的其他部分在某种程度上是种解脱。这里也有一些展品是固定的，比如《自由大宪章》（*Magna Carta*）。还有一些互动设置，提醒参观者作为公民的权利和义务。但是，大部分展品属于巡展展品，使图书馆能显示其收藏的深度。我上次在 2010 年初夏参观时，文学材料的广度与深度一样令人印象深刻。其中最早的一些文本里，有《贝奥武夫》[8] 的手稿——旁边有谢默斯·希尼 [9] 的一些翻译草稿，其中我们可以看到他对作品的音调进行了聪明的调整。（在第一句里，"所以丹麦人握住的矛曾被扔出"，"曾"换成"往昔"——明显更为古体，但更为必要地确定，以保持诗歌的现实冲突性。）

　　接下来是一系列奇妙的东西：菲利普·西德尼爵士 [10] 诗歌的手稿；约翰·弥尔顿的摘录本；简·奥斯汀可携带的小书桌，这是 1794

8　《贝奥武夫》，讲述了斯堪的纳维亚的英雄贝奥武夫的英勇事迹，是迄今为止发现的英国盎格鲁－撒克逊时期最古老、最长的一部较完整的文学作品，也是欧洲最早的方言史诗，完成于公元 8 世纪左右。

9　谢默斯·希尼（Seamus Heaney, 1939—2013），爱尔兰诗人。

10　菲利普·西德尼爵士（Sir Philip Sidney, 1554—1586），英国作家、政治家。

年她的父亲给她的；托马斯·哈代《苔丝》的手稿，它原来章节的标题被清楚地划掉了，所以你可以看到，后人如何看不到非常具有暗示性的标题"处女"（现译作"纯真少女"）。

这些手稿带领我们走进现代，在这里我们发现伊萨克·罗森伯格[11]引人入胜的收藏品，他是最触及人心的战争诗人，然后很快转向我们自己的时代：泰德·休斯[12]一首诗的手稿，最终被收录进《生日信札》（*Birthday Letters*）中，最初的标题为《鹿的悲伤》（*The Sorrows of the Deer*），还有小说家安吉拉·卡特（Angela Carter）相当复杂的一页手稿，以及巴拉德的文献之一——《冲突》（*Crash*）——的首页。

一般来说，首尾相连地陈列会令藏品失去其独特性。但是参观里特布赖特爵士画廊的巨大愉悦感之一，在于发现个体如何展示自己，以实现其野心。罗森伯格的诗《壕沟里的晨晓》（*Break of Day in the Trenches*）中有这么

11　伊萨克·罗森伯格（Issac Rosenberg, 1890—1918），英国诗人、艺术家。

12　泰德·休斯（Ted Hughes, 1930—1998），英国诗人。

一个短语"奇怪冷笑的老鼠",而原来是"奇怪而又怪诞的老鼠",这是视觉安排的小杰作:清晰如雕刻般的书写似乎使诗从纸面呼之欲出。休斯的手稿就像鸟爪在潮湿的水泥上留下的痕迹。巴拉德的文本里,手写的修订爬过原来的打印文稿,堆积而又穿行其中,使修订成为一种冲突——从中流露出超乎寻常的明朗和直接。

"小房间里的无尽财富"——文艺复兴一首十四行诗的描述也可以适用于里特布赖特爵士画廊。这里是图书馆的传统期待与展馆的相关因素相匹配的地方——视觉因素与有意义的手稿连接起来,创造了一种整体效果,比两者的影响都要大。所以,这个地方为我们创造了一种内外的奇妙结合——自我审视,我们是否是作家,以及我们对其他人的好奇。

这导致了进一步的悖论。我们离开了展馆,想着那些几个世纪以来的人,他们的作品以某种方式对我们产生十分重要的影响:形成了我们宗教信仰的一部分,或者点亮了我们想象的生活,或者我们为其作品着迷。当我们看着那些文学手稿时,亲近感油然而生，就像从作者肩膀看过去（不过，对于宗教文本来说，这种感觉要少些）。但是，这些手稿同时保持着一种迷人的异他性。它们肯定不同的思想，以及它们的熟悉感——它们提出问题。我们如何通过记号来烙下自己的痕迹？什么是天才创造的，实践中又得出了什么？这两者的关系是什么？超凡与日常之间的关系又是什么？在我们走出博物馆，回到阳光之下，这些问题仍悬而未决。

撰文 / 安德鲁·莫申 *

约翰·里特布赖特爵士画廊

英国伦敦大英博物馆尤斯顿路 96 号

邮编：NW1 2db

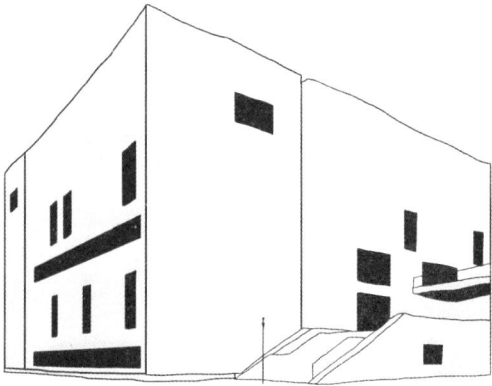

欠鲁道夫·利奥波德一个人情
利奥波德博物馆，维也纳

A Debt to Rudolph Leopold
Leopold Museum, Vienna

40 年前，我坐在美术培训班里，梦想着成为一个画家。一直在我手边的参考书是《现代艺术辞典》（*A Dictionary of Modern Painting*），它由梅休因（Methuen）出版社出版：400 页扎实的学术内容，从阿波利奈尔（Apollinaire）到赞多米尼治（Zandomeneghi），由 30 位知名艺术历史学家贡献。我有这本辞典的 1964 年版，但里面并没有埃贡·席勒（Egon Schiele）。甚至在维也纳分离派或他完全同代的奥斯卡·柯克西卡（Oskar Kokoschka）条目里，也没有提到他。唯一提到他的是在古斯塔夫·克里姆特（Gustav Klimt）的条目里，那里轻描淡写道，"席勒非常崇拜克里姆特"。

我引用这些，一方面是为了展示艺术历史的天马行空，另一方面也是为了显示席勒直到相对较近的时期才有了如今的盛名。他的作品在各处被复制，并为公众所知，他批判性的立场现在已经盖过了克里姆特和柯克西卡。这是由于一个人的努力，那就是艺术历史学家和收藏家鲁道夫·利奥波德（Rudolf Leopold）。

利奥波德生于 1925 年，在 20 世纪 50 年代开始购买席勒的作品（以及维也纳分离派其他人的一些作品），稳步积累了世界最大的席勒油画和绘画的收藏。利奥波德那时是一个能力有限的年轻眼科医生——不是爱好艺术的富豪——他收藏的热情源自一种直接的爱。他于 1972 年出版了席勒的分类目录，这很可能是席勒快速崛起成为艺术重要人物的开始标志。

这必是我开始知道席勒的时候——我记得在大学时买过明信片和复制品。我完全为席勒的风格折服，它参差不齐、轮廓分明的延长线，它得体的扭曲，那几年我一直试图画得像席勒——当然，失败了（成为艺术家的梦想还没有完全死亡）。但是，他仍是我个人万神庙中永久的艺术家之一。

这很大程度上解释了为什么维也纳的利奥波德博物馆是我最爱的艺术美术馆：不仅因为它有世界上最多、最优秀的席勒作品收藏——墙上有许多大师之作——更因为它储藏了我自己年轻时想成为一名艺术家的野心，这野心漫无目的、完全随心所欲。看到席勒的作品，就像打开了一个开关，使我快速想起了我的青年时光和狂热梦想。每当我到维也纳，我一定要去这座美术馆，即使只有 10 分钟左右，都让我着迷与快乐，由于鲁道夫·利奥波德的收藏一直在微妙地变化，所以永远都有新的启示。

比如，当我为这篇文章回到维也纳和利奥波德博物馆时，有一个展厅全是席勒的风景画，其中许多我此前没有见过，而风景画并不是人们立即能与他联系起来的绘画形式。三月的那天，维也纳凉爽晴朗，美术馆——巨大的方形奶色砖石艺术仓库，位于博物馆区大型院落的角落——看起来庞大而安全，就像它一直在那儿一样。我总是试图想象，如果鲁道夫·利奥波德有"自己的"博物馆，它看起来就是这样，可以看到他的名字刻在其石灰岩的正面外墙上。博物馆于2001年开放，由奥地利政府资助，建筑师罗里兹（Laurids）和曼弗雷德·奥特勒（Manfred Ortner）设计。它是一个人个人品位和贡献最卓越的证明，当你想到鲁道夫·利奥波德在建筑内有一个办公室，却仍积极地参与其展览、收购和管理时，会有一种额外的震动。人们不得不进一步幻想、好奇——如果鬼魂存在——埃贡·席勒的鬼魂如果看到他的艺术被如此铭记，会有什么想法……

席勒短暂而又备受折磨的一生有其痛苦而黑暗的浪漫。这个极具天赋的年轻艺术家生于1890年，在奥地利分离运动的精神中成长——这一运动反对艺术经典风格和沙龙的保守平庸。他受克里姆特的装饰性爱主义所启发，在20世纪第一个10年里，将其转化为一种大胆的、表现主义的形式——并在这个过程牢牢掌控。席勒在生命中最后十年里的作品与晚期的梵高一样有力和个性：就好像阿蒂尔·兰波[1]变成了画家。

他瘦弱、扭曲男女裸体的明显肉欲激

---

1 阿蒂尔·兰波（Arthur Rimbaud，1854—1891），19世纪法国诗人，早期象征主义诗歌的代表人物，超现实主义诗歌的鼻祖。

起愤怒和资产阶级的恐惧，这是可以预见的；因对儿童的变态行为而被起诉则不是那么能预测。1912年，席勒居住在一个小镇上，错误地邀请了年轻女孩到他的工作室充当自己的裸体模特。他最终被判虐待儿童罪不成立，但因为在儿童附近放置色情图像被判有罪，入狱24天。这一经历对他有深刻和令人不安的影响。

尽管有这桩丑闻，但到第一次世界大战结束时，他的名声有所增长，开始被称为古斯塔夫·克里姆特的自然接班人，然后1918年大流感流行，先在10月夺去了他已经怀孕多月的妻子伊迪斯的生命，3天后，艺术家自己也因此而去世。埃贡·席勒在28岁去世并被遗忘，但是留下了大量作品，它们等待鲁道夫·利奥波德来发现，并呈现给世界。

利奥波德博物馆自身的建造是有目的性的，是某种想象出来的东西。从外面看它似乎坚不可摧，高高的石墙上偶尔出现一些不对称的窗户，几乎就像堡垒一样。但是，里面却有一个又宽又大的玻璃屋顶天井，展厅从四面包围。在楼上有巨大的平板玻璃窗，向外越过老维也纳的屋顶，你可以看到维也纳市政厅的塔和霍夫堡皇宫的穹顶。天井是漂亮的空白空间。我参观的那天，阳光从玻璃屋顶透下来，在石灰岩内墙上投射出透明抽象的形状。事实上，你可以说，这个天井在某种光照下，本身就是一件艺术作品，一种发光装置，石墙蕴含着一种辉煌的空气感。

但是展厅里悬挂的东西把你吸引开。复制品很好——所有都非常好——但是没有什么比看一幅真迹更好的了。席勒著名的《坐着的裸男》（*Seated Male Nude*，1910）就是这样一幅作品。首先令人吃惊的是它的大小——就比真人大一点儿。就像许多席勒的画作一样，需要某种思想试验来试图想象在最初展出时看到它们的效果。这个骨瘦如柴的正面裸体自画象，皮肤是胆汁般的绿色和黄色，格式化，没有脚，黄红色的乳头和一只红眼，看起来就像某种可怕的幽灵。事实上，所有席勒的画像都有同样的震惊效果：皮肤用多层的蓝色或渐淡的玫瑰色描绘，眼睛吃惊、放大、突出，盯着参观者。

两幅小自画像在一间展厅的右边拐角相邻，几乎相对，不经意地展示了席勒及其艺术的双重人

格。一幅是平静而知性的《有冬天樱桃的自画像》
(*Self-Portrait with Winter Cherry*, 1912)，另一幅
是《低头自画像》(*Self-Portrait with Head Inclined*,
1912)。第二幅的表达极为杰出：脸与手是瘦的，
油彩由于添加了松脂有一种半透明感，与衬衣和背
景的白色厚涂油彩形成了对比。

最为不寻常的是，在这幅画像中，席勒有胡
子——这是我印象中他唯一有胡子的形象。对后人
来说幸运的是，席勒喜欢照相，在他的许多照片
中，胡子一直剃得很干净。我不是爱开玩笑，但
奥匈帝国时期的维也纳是喜欢胡子的城市。那时
不留胡子是否是一种叛逆的标志，使你从多毛而
又自满的市民，以及有两撇胡子戴着勋章的士兵
中脱颖而出？我想到席勒在维也纳的另一位同时
代人物，另一位 20 世纪的预言家和在自己领域的
开拓者——哲学家路德维希·维特根斯坦（Ludwig
Wittgenstein）——他瘦弱、禁欲，一直不留胡子，
就像席勒一样。这幅画像里魔鬼一般的凝视和黑色
的胡子，是否是对大战前维也纳社会精神分裂的一
种姿态？这也许是后来者的智慧。战前维也纳的同

时代者阿道夫·希特勒，那时身处困境，几乎穷困潦倒，在大街上游荡，住着肮脏的旅馆，孕育着他那些偏执的幻想。20 年后，他将成为德国总理。

如果席勒的恶魔人格可以在其近乎色情的裸体，以及扭曲、瘦弱的有骷髅头的人物中找到，那么他更为平和的一面体现在其风光、城市风景和静物绘画中——特别是在其素描里。席勒是极具天赋的绘图人，他线条中的自信是惊人的。将席勒的素描与克里姆特的相比是有趣的，后者也在利奥波德博物馆展览。将席勒黑暗的、确定的、着重的铅笔素描放在克里姆特精致的、犹豫的、纤细的素描旁边，你会看到它们立即传递出的两种完全不同的艺术个性。

利奥波德博物馆很大——有一些展厅展示了家具和设计，以及席勒、克里姆特和其他同时代奥地利艺术家作品——它吸引人的地方之一就是规模。它不会让人畏惧或产生艺术疲劳。从这个角度来说，它让我想到了我另一家喜爱的博物馆——纽约麦迪逊大道上的惠特尼美术馆——它那流线型的设计看上去相当现代。惠特尼的名字来自于格特鲁德·范德比尔特·惠特尼[2]（Gertrude Vanderbilt Whitney），但那所美术馆所没有的，是其创建者及其收藏的存在感，而后者在利奥波德博物馆被有效和颇具吸引力地展示了。

当然，当你走出现代的惠特尼美术馆时，遇到的是曼哈顿轻率的现代感。利奥波德巨大和不言而喻的财富在于，它位于维也纳的老城里——那里是几个世纪以来美好的文化天堂。维也纳有时被称为"完整的艺术品"。利奥波德博物馆也值得这一称号——完整的艺术品。

撰文／威廉·波伊德[*]

利奥波德博物馆

奥地利维也纳博物馆广场 1 号，邮编：A1070

2　格特鲁德·范德比尔特·惠特尼（Gertrude Vanderbilt Whitney，1875—1942），美国雕塑家。

因音乐而感谢你
ABBA 博物馆，斯德哥尔摩

Thank You for the Music
Abba: The Museum, Stockholm

斯德哥尔摩的一个地下室。桌子上放着一个塑料的红色电话。电话后面，一面墙那么大的照片里有两男两女。年轻、欢乐、纯朴，金发的、黑发的，有胡子的、没胡子的——这四个年轻人闻名全球。钉在这个上面的，是一个看起来很官方的标志，上面有急促的大写斜体信息，写着——"如果电话响了，就接。那是 ABBA 打过来的。"（原文为瑞典语）

我知道你在想什么。彩陶小雕像在哪儿？威尼斯挂毯在哪儿？布克奖获得者在迈森陶器柜前想入非非的照片在哪儿？等等——那不是《到来》（*Arrival*）封面上的直升机吗？这个作者显然误解了重点。接下来的几页要讲什么？杜莎夫人蜡像馆？好莱坞星球？粉红猪小妹世界？

动物园岛是斯德哥尔摩 14 座岛屿中最绿色的一个，在上面，你可以凝视瓦萨号的残骸，17 世纪，这艘战舰在处女航时，直接沉入 1300 米的海底。或者你可以穿越动物园花园和斯堪森开放建筑档案馆，那里 18 世纪的教堂尖塔耸立云霄，狼群朝着奶色的黄昏呼号。或者你们可以不顾这些景色，只看看渡口站旁边的黄色建筑下有些什么。

ABBA 博物馆于 2013 年 5 月开馆，以纪念瑞典四位最成功流行音乐明星——昂内塔·费尔特斯科格（Agnetha Fältskog）、比约恩·奥瓦尔斯（Björn Ulvaeus）、班尼·安德森（Benny Andersson）和安妮－弗瑞德·林斯塔德（Anni-Frid Lyngstad）。名字加起来很长，因此博物馆的管理人斯蒂格·安德森（Stig Anderson）将其简化为首字母缩写——在问过瑞典最大的鲱鱼罐头公司不介意重名之后。

博物馆里的一些空间被可以手动操作的游戏机所占据。一组音量控制器使你可以重新为《弗尔兰多》（Fernando）编曲。一排录音棚里，戴着耳机的游客忙着用无线麦克演唱《胜者为王》（*The Winner Takes It All*）。有窗帘的前厅包括博物馆里相当于"鬼屋"的地方——有一个装置可以扫描你的脸，然后将它拼接到电脑生成的ABBA几个人的身体上。

这里既是一个游乐场，也是一个遗物箱。在玻璃板后有班尼的银色舞台鞋、弹出ABBA最具收益合同的电传收发机、比约恩即兴演奏时使用的茶叶箱贝斯、从极地录音室获取的星际迷航混音工作台，以及昂内塔和安妮-弗瑞德在布雷顿穹顶剧场背对背演唱《滑铁卢》（*Waterloo*）并赢得1974年欧洲歌唱大赛冠军时穿的棉缎衣服。靠近一点，你会看到衣服上钉有小珐琅徽章，上面印着史丹·罗路[1]和他在19世纪20年代的竞争者哈利·兰登[2]的脸。

心存质疑的人也许认为这座博物馆是欧洲流行音乐令人嫌弃的遗留品。但是这样就低估了ABBA艺术符号的厚重感——相信我，

1 史丹·罗路（Stan Laurel，1890—1965），英国喜剧演员、作家、导演。
2 哈利·兰登（Harry Langdon，1884—1944），美国喜剧演员。

你真的不想这样。展品展现了乐队的个人和艺术轨迹，有时甚至是痛苦的：消失的微笑、崩溃的婚姻、观光巴士的忧郁症、他们迈向苍白而清澈的最后一张专辑《参观者》（*The Visitors*）的进程——他们的《冬之旅》（*Winterreise*）。确实，ABBA 的歌词有时展现出全球英语能力测试（EFL）老师熟悉的错误。《弗尔兰多》里有一句是，"自多年前我未曾见你手中有枪"，但没有人能创作像其最后录制作品中的那首《你来之前的那天》（*The Day Before you Came*）——它描述了用压抑的细节衡量的快乐，很可能是唯一用过去完成时写成的流行歌曲。"我确定吃晚饭的时候在看电视，"昂内塔回忆道，"我想，没有一集《豪门恩怨》（*Dallas*）是我未曾看过的。"

这并不是一个超级粉丝的特别请求。我知道一个粉丝是什么样子。陪审团的女士和先生们，我有三双戴立克[3]的袜子，当我的孩子们被要求画一幅我脑袋的解剖图时，两个人都保留了一个拳头大小的地方，

是用于存放与《神奇博士》相关的内容的。没有
ABBA 区域被划分出来——至少在他们看来，ABBA
是油管（Youtube）上的明星，属于他们，而非我。
直到《ABBA 金曲》合集在 1992 年出现之前，我
从未拥有一张他们的专辑。我与他们最接近的是在
1980 年，那一年我效力于英国西北部一支最糟糕的
曲棍球球队，当我在布莱克浦以 0 比 16 输掉比赛
后，买了一个唱片形状的泡泡糖，它被装在《超级
演员》（Super Trouper）唱片套的完美迷你模型中。
在我们常规性地受辱后，教练沉默着开车送我们回
家。ABBA 最新的专辑在广播里播放。我记得我们
对所有的事情都觉得恶心，烦透了。

但是，在那些日子里，没有什么购买是必需
的。ABBA 的音乐和他们专注的敏感是文化的经纬。
我对听到他们的清晰记忆开始于 1976 年 10 月，当
《舞蹈皇后》（Dancing Queen）激烈的音符从赫尔游
园会的广播中冲出，为儿童时代痛苦的损失事件提
供了一种背景音——我放走了一只氦气球，看着它
升上高空变成了一个黑点。我第一次访问 ABBA 博
物馆时与去华盛顿的旅程很接近。在位于华盛顿的

史密森尼美国历史博物馆，我看到了肯特州大屠杀里使用的枪，以及一个白宫水管工 4 用撬棍封起来的文件柜残骸。对我来说，ABBA 博物馆的展品是可以与之媲美的。

ABBA 并没有要求参与文化战争，但还是被卷了进去。在他们赢得欧洲歌唱比赛的当夜，布莱顿穹顶剧场的观众站起来呐喊，但瑞典人并没有被打动。从舞台离开时，斯蒂格·安德森发现自己与一位瑞典电视台记者伍尔夫·加德马德森（Ulf Gudmundson）一起上镜，那个记者因为类似于《北爱尔兰——从圣战到阶级斗争》这样的纪录片而出名。加德马德森并没有祝贺他，反而要求斯蒂格说明，为什么要为一场 4 万军人被屠杀的战争写一首积极向上、富有节奏的爱情歌曲。安德森如何回答呢？"在我揍你前，滚！"

在 20 世纪 60 和 70 年代，瑞典是乌托邦的代名词——特别是在那些深受工业产值下降和失业率上升之苦的国家。瑞典模式似乎使瑞典人远离了焦虑。他

4　白宫水管工，尼克松时期成立的秘密白宫特别行动队，目的是防止机密泄露。

们有欧洲最高的生活水平。他们有大汽车、现代主义家具。这个福利国家似乎是慷慨的奇迹——这是一个没有明显贫困的国家。他们的政治中立也使其拥有了道德独立。还有哪个国家会邀请伯特兰·罗素（Bertrand Russell）和让－保罗·萨特（Jean-Paul Sartre）来召开一场战争罪行特别法庭，以判定美国在越南犯下大屠杀罪呢？"当凝固汽油弹在无辜的平民中爆炸时，"首相奥洛夫·帕尔梅（Olof Palme）这样告诉瑞典国会，"这是民主观念的失败。"美国听闻这句话后，召回了大使。

随之而来的是文化清教主义措施。其中最典型的代表就是一场名为"普罗格"（progg）的音乐运动——忙于制造粗糙的大众音乐。"普罗格"及其粉丝憎恨 ABBA，更恨其经纪人。"他是危险的，"瑞典主流诗人之一拉尔斯·福塞尔（Lars Forsell）说："他写的东西都是屎。"媒体也同意。他们对 ABBA 成功的反应，简单地说，是取消排行榜，以及相当于英国《流行音乐排行榜》的斯德哥尔摩版本。瑞典电视不可能不播出 1975 年的欧洲歌唱大赛，但是通过更关注音乐反示威流行而非官方赛

事，使其态度为世人所知。"对于 70 年代在瑞典的
左翼，"比约恩回忆道，"我们是反基督的。"ABBA
发现，个人就是政治。当他们邀请塞拉利昂鼓手阿
马杜·加尔（Ahmadu Jarr）一起演奏时，加尔拒绝
了，称他如果接受这份工作，妻子就会离开他。

今天，瑞典的情况已经非常不同了。"普罗
格"是怀旧鉴赏家的私藏。奥洛夫·帕尔梅时代构
建的社会模式已经远去，尽管不像帕尔梅自己那
样突然和难以理解。（他于 20 年前被暗杀，至今
案子仍未侦破。）瑞典的政治避难政策是欧洲最为
开明的——但是极右派，以伊米·奥克松（Jimmie
Akesson）的瑞典民主党的形式存在，它现在是瑞典
国会的第三大党。

ABBA 的地位也发生了变化。在 20 世纪 70 年
代，新左派鄙视他们。今天，乐队的男性成员正参
与针对北欧新右翼的无声战役中。当反移民的丹麦
人民党的年轻一派将 ABBA 1975 年的金曲《妈妈
咪呀》（Mamma Mia）转化为对其领袖皮雅·柯斯
加（Pia Kjaersgaard）的赞歌时，班尼和比约恩找
了律师。

在 ABBA 的作品里，你不能构建一个连贯的哲学宇宙。不是十分连贯。但是通过他们歌曲的视角观察到的宇宙，似乎是个冷漠的不可逆转的地方——其中人类的机构是脆弱和不当的。《胜者为王》设想了一个我们受任性神灵突发奇想摆布的宇宙——那些神灵，是李耳王和苔丝里提到的那些的斯堪的纳维亚半岛上的表兄弟。架子上那本历史书，坚持着《滑铁卢》，一直在重复自己。

在 ABBA 博物馆，有一个小区域展示《知我知你》（Knowing Me, Knowing You）——这是乐队第一首关于离婚的歌曲，是比约恩和昂内塔的婚姻走到终点时写的。这一块区域被布置成 20 世纪 70 年代瑞典郊区的一个厨房的样子。桌子上有吃了半碗的果蔬燕麦片。一个孩子刚刚离家去上学。通过松木框的窗子可以看到冬天的景色。歌词说，我们无能为力。

红色电话上写着标语，"如果电话响了，就接，那是 ABBA 打来的。"此话不假。唯一有这个电话号码的人就是昂内塔·费尔特斯科格、比约恩·奥瓦尔斯、班尼·安德森、安妮-弗瑞德·林斯塔德。

但如果它真的响了，他们会说什么？都在他们的音乐里，在他们声音的和谐中，在冬天的风景中。

撰文 / 马修·斯维特

ABBA 博物馆

瑞典斯德哥尔摩动物园岛 68 号

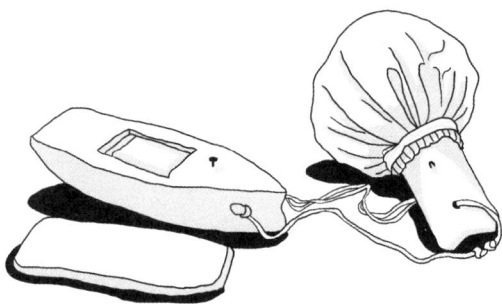

格拉斯哥的梦想宫殿
凯文葛罗夫艺术博物馆，格拉斯哥

Glasgow's Palace of Dreams
Kelvingrove, Glasgow

苏格兰小说家和艺术家阿拉斯达尔·格雷（Alasdair Gray）曾评价说，如果你居住的地方没有被画下来，你们的声音没有在电台被听到过，你周围的人们从未出现在小说里，那你也许是在真实地生活，却不是有创造性地生活。我在格拉斯哥[1]城外的一个天主教家庭成长，那里充满了声音、故事和坚定的信仰，但我的父母没有书。如果你在这样的家里长大，从未听过经典音乐，绘画永远只是使用多乐士油漆，你也许在成人时会想，文学是否只是描述别人生活的某种东西。

1 格拉斯哥，苏格兰第一大城市。

1981 年 5 月的一个清晨，我 13 岁，到市里去时，发现了凯文葛罗夫博物馆。它的外墙是漂亮的红色砂石，阳光照在拱形的窗户上。进去之前我很紧张：我不确定是否要买门票，也不知道是否需要先了解些什么。但是当我爬上台阶，从阳台上看出去，我只能将当下描述为是我人生的第一次顿悟：这是我们的，所有都是我们的，绘画、光线、石雕。它属于格拉斯哥人民，属于我。

我走到一个走廊的尽头，那里萨尔瓦多·达利（Salvador Dali）的《圣十字若望的基督》（*Christ of St John of the Cross*）悬挂在剧场般的昏暗中。我对十字架的景象十分熟悉，我的祖母经营一家鱼店，曾指着店里墙上一幅头戴荆棘冠的耶稣像说："小心，那就是当好人的下场！"只有在我看到达利时，我才会重新认为我的圣礼就是光与形的问题，将献身看成是创造。我熟悉耶稣作为将死凡人的苍白形象，有胡子，缺乏活力，眼睛在受难时上翻。但是达利并没有表现脸。我们看到了一个处于盛年的健康的人，在电影灯光中挂在十字架上，在教堂门廊上神秘地盘旋，似乎记起某种人间的美好。我

长时间地坐在这幅画面前，当我站起时，我已不再
是那个我。

　　凯文葛罗夫艺术博物馆于 1902 年开放。那时
格拉斯哥市长形容它是"梦想的宫殿"，这一形容
非常贴切，这是一座充满了艺术灵魂的建筑。将
遗产捐给博物馆，长久以来在格拉斯哥是荣誉之
举。阿基伯德·麦克里兰（Archibald McLellan）捐
出了提香的《带到基督前的通奸者》（*The Adulteress
Brought Before Christ*）、一幅波提切利的作品还有
其他一些艺术品，许多人也效仿他。在后来几次
参观中，我开始了解格拉斯哥收藏家威廉·麦克英
尼斯（William McInnes）的品位，他在 1944 年捐
赠了梵高、毕加索、莫奈，还有亨利·马蒂斯的作
品各一幅，马蒂斯的这幅《粉色桌布》（*The Pink
Tablecloth*）是一幅看上去很和谐，富有装饰性的作
品，似乎为整座博物馆奠定了基调。在许多方面都
是如此，因为凯文葛罗夫艺术博物馆里的大部分苏
格兰绘画都是从马蒂斯这样的作品中获得灵感的。
最重要的是，对一个寻找当地奇迹的男孩来说，是
苏格兰色彩主义的艺术家们填满了我脑中的博物

馆。当然，看到提香是令人惊叹的，但是这些爱德华七世时代艺术家们——卡德尔[2]、弗格森[3]、佩普洛[4]、亨特[5]——厚颜无耻的作品在我脑中烙下的想法是，一座博物馆不仅仅收藏珍品，还煽动幻想。

在我第一部小说《我们的父亲》（Our Fathers）结尾处，主人公甲米与祖母玛格丽特坐在床上，看一些印刷品。其中一幅就是卡戴尔的《红椅子》（The Red Chair）。"天啊，"成长于苏格兰高地的玛格丽特说，"这是我见过的最美的画儿。你不可能超越它们。看，甲米。这就是把我带到南方的画儿。"当我写下这些句子时，我想的是自己迈向卡德尔以及凯文葛罗夫艺术博物馆里其他绘画的旅程。对我来说，这些作品好像拥有神奇的现代属性：在我退学后欣赏时，它们似乎拥有我们成长和重新看待世界的秘密。

当我最近又回去参观凯文葛罗夫艺

2　弗朗西斯·卡德尔（Francis Cadell, 1883—1937），苏格兰色彩主义画家，以描绘其家乡爱丁堡建筑内景而闻名。

3　约翰·邓肯·弗格森（John Duncan Fergusson, 1874—1961），苏格兰画家、雕塑家，是苏格兰色彩主义画家之一。

4　塞缪尔·佩普洛（Samuel Peploe, 1871—1935），苏格兰后印象派画家，尤以静物作品出名，被称为"苏格兰色彩主义画家"。

5　莱斯利·亨特（Leslie Hunter, 1877—1931），苏格兰色彩主义画家。

术博物馆时——不是像玛格丽特那样向南，而是从伦敦向北——我试图想找出自己会如此痴迷于那些画作的原因。这些画作通常能缓和情绪——戴着宽檐帽的女性、赫布底里群岛在阳光和雨中。也就是容易找到的对象。不过，是风格吸引了我。这些人也成长于灰色和平凡之中，但他们去了法国，回来时闪耀着光芒。有一个想法是我乐于接受的，那就是人类的想象不是一个静止的东西；比如印象主义的法国不是被禁锢在法国，而是移动的盛宴。你离开，是为了回来。

因此，回到博物馆就像完成了《普鲁斯特条约》。物品本身与你一起旅行，但是地板的味道、大理石的触感，都是旧相识。然后，在我面前的是弗朗西斯·卡德尔巨大的《内景——橙色窗帘》(Interior—The Orange Blind)。她就在那儿，一个坐在绿色躺椅上的女人，她苍白的面庞一直是神秘的。一个男人在她身后的阴影里弹钢琴，钢琴的侧面因橙色窗帘透过来的光而显得温暖。女人的前面是茶壶和杯子，所有一切都让人想起只在画中存在的优雅时刻。

我再次看到了达利的那件作品时，好奇它是否在我自己的信仰消退后更具精神庄严性。我了解到了一些我不知道的东西：一天，某个有精神问题的人向它扔了块石头，画布破了，画被毁了，那个人称这样一幅画不应该在凯文葛罗夫的收藏里。我在此停顿了一会儿。也许这是一座伟大博物馆对我们的影响：它使我们变得具有占有欲。我不介意展厅按时间顺序设置，但每次我看到博物馆以主题来划分展厅，就想离开。凯文葛罗夫并没有摆脱这一点："过去的生物"有一点多愁善感；"冲突与结局"显示了少许后殖民地思维。

但它仍是梦想的宫殿。不知道互联网时代的孩子们如何看待圣基尔达邮船，这些小小的木船是圣基尔达岛的人们用来搭载邮件（和邮寄的费用）到大陆的，他们希望收信人可以收到。在1877年蒸汽船到达圣基尔达岛前，那里的人们没有办法与世界联系，所以他们用小小的载着信息的木船漂洋过海。他们将船送走，就像我们发送一封电子邮件一样，但不确定邮件一定会送达。圣基尔达的邮船讲述了我们如何超越阻力的故事。

　　凯文葛罗夫艺术博物馆一直是与时俱进的。创办它的想法成熟于 1888 年在凯文葛罗夫公园举行的大型国际展览会。（那是格拉斯哥骄傲和自我意识觉醒的一个大年：凯尔特人足球俱乐部成立，坦普尔顿地毯厂开工，它们到现在依然存在。）当我穿过博物馆时，我觉得不仅是在参观我喜爱的物品和画作，而且是走在民众觉醒的思潮之中。

　　在格拉斯哥，民众一直是很个人的。凯文葛罗夫也许是为了仿建圣地亚哥－德孔波斯特拉大教堂。它也许有特纳和梵高的作品。但它将一直有着你踩上其楼梯时发出的当地的吱吱声。当我回到一楼，看到约翰·拉弗利爵士[6]绘制的近两米高的《安娜·帕夫罗拉》（*Anna PavLova*），我的脑子里满是苏格兰色彩主义画家。帕夫罗拉的头上包有橙色的围巾，重心偏后，正是约一个世纪前的活力形象。但是，这是格拉斯哥，我的眼睛不断地回到画家的姓上。我的祖母，就是开鱼店的那个，名叫莫莉·拉弗利（Molly Lavery）。她的父亲效力于克莱德足球俱乐

6　约翰·拉弗利爵士（Sir John Lavery，1856—1941），爱尔兰画家，以肖像画和战争场面画著名。

部；她的叔叔罗伯特（Robert）死于索姆河战役。他们的房子里也没有书或绘画，但他们喜欢想象自己的同宗约翰·拉弗利在外面为格拉斯哥捕捉世界，并偶尔为世界捕捉格拉斯哥的样子。

撰文 / 安德鲁·奥海根 *

凯文葛罗夫艺术博物馆
英国格拉斯哥阿盖尔街，邮编：G3 8AG

作者介绍
About the authors

罗迪·道伊尔（Roddy Doyle，1958— ），爱尔兰小说家、剧作家。他以《童年往事》（*Paddy Clarke Ha Ha Ha*）获得1993 年的布克奖（Booker）。他著有 10 部小说、2 本故事集、2 本对话集和对自己父母的回忆录《罗里＆伊塔》（*Rory & Ita*）。他与罗伊·基恩（Roy Keane）合著有《第二个一半》（*The Second Half*）。他还为儿童写了 8 本书，以及一些舞台剧和剧本。他翻译的莫扎特的《唐·乔望尼》（*Don Giovanni*）于 2016 年 9 月在都柏林首演。

阿利森·皮尔森（Allison Pearson，1960— ），小说家、记者。她最畅销的小说为《凯特的外遇日记》（*I Don't Know How She Does It*，2002），后被改编为同名电影。第二部小说《我想我爱你》(*I Think I Love You*) 于 2010 年出版。她为《每日邮报》(*Daily Mail*)、《旗帜晚报》(*Evening Standard*) 和《独立报》(*Independent*) 撰稿，是《每日电讯报》(*Daily Telegraph*) 的专栏作家。

罗利·斯图尔特（Rory Stewart，1973— ），曾短暂服役，后来成为一名外交家。2000—2002 年，他行走 6000 英里，穿越亚洲。此后他在伊拉克沼泽阿拉伯地区担任联军副司令官。2005 年他移居阿富汗，成立了龟山基金会。2008 年末他成为哈佛大学肯尼迪学院的教授，现在是英国国会议员和环境部长。他著有被《纽约时报》评为最佳畅销书的《中间地带》(*Places in Between*) 和《沼泽王子》(*The Prince of the Marshes*)，与杰拉德·克劳斯（Gerald Knaus）合著了《干涉有用吗》(*Can Intervention Work*) 一书。

弗兰克·科特雷尔 - 博伊斯（Frank Cottrell-Boyce，1959— ），儿童小说家、剧作家。他的第一部书《百万小富翁》(*Millions*) 赢得了卡内基奖（Carnegie Medal），并被丹尼·博伊尔（Danny Boyle）制作成了电影。二人还在 2012 年奥运会开幕式上有所合作。他最近出版的一部书是《史普特生活指南》(*Sputnik's Guide to Life*)。他还在利物浦希望大学担任阅读课教授。

玛格丽特·德拉布尔（Margaret Drabble，1939— ），大英帝国勋章获得者、小说家、批评家，生于谢菲尔德，先后就读于约克的蒙德学校和剑桥大学纽纳姆学院。她的首部小说为《夏天的鸟笼》（*A Summer Bird-Cage*，1963），此后又写有 18 部小说，最新的一部为《黑色洪水升起》（*The Dark Flood Rises*，2016）。她还有一本短篇小说集《微笑女人生活的一天》（*A Day in the Life of a Smiling Woman*，2011）。她编辑过两版《牛津英国文学指南》（*Oxford Companion to English Literature*，1985&2000），并撰写了阿诺德·贝内特（*Arnold Bennett*）和安格斯·威尔逊（*Angus Wilson*）的传记。

唐·帕特森（Don Paterson，1963— ），苏格兰诗人、作家和音乐家。他的首部诗集《零零》（*Nil Nil*，1993）赢得了英国诗歌大奖前进奖（Forward Prize）的最佳处女诗集奖。《上帝给女人的礼物》（*God's Gift to Women*，1997）赢得了 T. S. 艾略特奖（T. S. Eliot Prize）和费伯纪念奖（Geoffrey Faber Memorial Prize）。《着陆的光》（*Landing Light*，2003）赢得了 T. S. 艾略特奖和惠特布瑞诗歌奖（Whitbread Poetry Award）。他于 2008 年被授予大英帝国勋章，并于 2010 年获颁女王诗歌金色奖章（Queen's Gold Medal for Poetry）。

艾莉·史密斯（Ali Smith，1962— ），生于苏格兰因弗内斯，现居剑桥。她撰写小说、短篇故事、戏剧和评论。她最近的一部小说《如何成为两者》（*How to Be Both*）被提名为 2014 年布克奖候选，并赢得了百利女性小说奖（Bailey's Women's Prize for Fiction）、金史密斯奖（Goldsmiths Prize）、科斯塔年度最佳小说奖（Gosta Noval Auard）和圣安德鲁十字会年度文学奖（Saltire Society's Literary Book of Year Award）。她的故事集《公共图书馆及其他故事》（*Public Library and Other Stories*）于 2015 年 11 月出版，她的小说《秋天》（*Autumn*）于 2016 年由企鹅哈米什·汉密尔顿集团出版。

蒂姆·温顿（Tim Winton, 1960— ），曾为成人和儿童写过 26 部书，作品被翻译成 28 种文字。他第一部小说《露天游泳者》（*An Open Swimmer*）获得 1981 年的澳大利亚沃格尔奖（Australian Vogel Award），他凭《浅滩》（*Shallows*）、《云街》（*Cloudstreet*）、《肮脏音乐》（*Dirt Music*）和《呼吸》（*Breath*）四次获得迈尔斯·富兰克林奖（Miles Franklin），凭《骑手》（*Riders*）和《肮脏音乐》两次获布克奖提名，现住在西澳大利亚。

迈克尔·莫波格（Michael Morpurgo, 1943— ），英国作家，2003 年获得儿童作家桂冠奖（Children's Laureate）。他著有一百三十多本书，包括《蝴蝶狮子》（*The Butterfly Lion*）、

《健介的王国》（*Kensuke's Kingdom*）、《鲸鱼为何而来》（*Why the Whales Came*）、《莫扎特的问题》（*The Mozart Question*）、《阴影》（*Shadow*）和《战马》（*War Horse*），后者被伦敦国家剧团改编成极为成功的舞台剧，并在 2011 年被史蒂夫·斯皮尔伯格（Steven Spielberg）拍成了电影。他的作品《个人的和平》（*Private Peaceful*）被西蒙·里德（Simon Reade）改编成舞台剧，现在正被帕特·奥康纳（Pat O'Connor）拍成电影。2006 年，他凭借在文学领域的贡献被授予大英帝国军官勋章。

安·帕切特（Ann Patchett，1963— ）著有 3 部非虚构作品和 7 部小说，最近一本书为《共同体》（*Commonwealth*）。她在英国赢得了柑橘文学奖（Orange Prize），在美国赢得了钢笔福克纳奖（PEN/Faulkner Award）。她的小说《美声唱法》（*Bel Canto*）被翻译成三十多种语言，并在最近被芝加哥歌剧院搬上了舞台。她居住在田纳西州的纳什维尔，是帕纳萨斯出版社的合伙人之一。

阿兰·霍灵赫斯特（Allan Hollinghurst, 1954— ）著有 5 部小说：《游泳池图书馆》（*The Swimming-Pool Library*）、《折叠的星星》（*The Folding Star*）、《咒语》（*The Spell*）、《美丽线条》（*The Line of Beauty*）和《陌生人的孩子》（*The Stranger's Child*）。他获得了毛姆奖（Somerset Maugham Award）、纪

念詹姆斯·塔特·布莱克小说奖（James Tait Black Memorial Prize）和 2004 年的布克奖，目前居住在伦敦。

杰奎琳·威尔逊（Jacqueline Wilson, 1945— ）是英国最畅销的作家之一，仅在英国售出的书就达三千五百多万本。她曾获得许多奖项，包括《卫报》的儿童小说奖（Guardian Children's Fiction Award）和年度儿童小说奖（Children's Book of the year）。她此前获得过儿童文学桂冠奖。她是罗汉普顿大学的校长，2008 年她因对儿童识字方面的贡献被授予大英帝国勋章。

A.D. 米勒（A. D. Miller, 1948— ）的第一部小说《雪花》（*Snowdrops*）被布克奖和其他许多奖项提名。他的其他作品包括《忠诚的夫妻》（*The Faithful Couple*）和《衬裙巷公爵》（*The Earl of Petticoat Lane*），后者是一部关于移民、大轰炸和内衣产业的回忆录。他为金星经典出版社撰写托尔斯泰和陀思妥耶夫斯基短篇小说的介绍。作为《经济学人》杂志的驻莫斯科记者，他曾在俄罗斯各地旅行。他目前是该杂志的南方记者，驻地在乔治亚州的亚特兰大。

艾丽斯·奥斯瓦尔德（Alice Oswald, 1966— ）在牛津学习经典文学，并受训成为一名园艺工作者。1996 年，她发表了自己的首部诗集《在台阶石头边缝里的东西》（*The Thing in the Gap-Stone Stile*）。她于 1996—1998 年在达汀顿之家客居写作，并写出自己的长诗《飞镖》（*Dart*），赢得了 2002 年的 T. S. 艾略特奖。其他诗集曾赢得过首届泰德·休斯奖（Ted Hughes Award）、霍索尔顿奖（Hauthornden Prize）和华威奖（Warwick Prize）。2009 年，她因对诗歌的贡献赢得乔蒙德利奖（Cholmondeley Award）。

约翰·伯恩赛德（John Burnside, 1955— ），小说家、短篇故事作家和诗人。他的诗集《黑猫骨》（*Black Cat Bone*）赢得了 2011 年的前进奖和 T. S. 艾略特奖。他的回忆录《关于我父亲的谎言》（*A Lie About My Father*）获得了苏格兰年度圣安德鲁奖（Saltire Society Scottisk Book of the year Award）和年度苏格兰艺术博览会非虚构奖（Scottish Arts Courcil Non-Fiction Book of the year）；他的故事集《像快乐那样的事》（*Something Like Happy*）获得了 2014 年的边山奖（Edge Hill Prize）。他为《新政治家》（*New Statesman*）每月写一篇专栏，并定期为《伦敦书评》（*London Review of Books*）撰写文章。他关于 20 世纪诗歌的作品《时间的音符》（*The Music of Time*）由 Profile 出版社于 2018 年出版。

克莱尔·默萨德（Claire Messud, 1966— ）著有 4 部小说和 1 部短篇故事集。其中《国王的孩子》（*The Emperor's Children*）被翻译成二十多种语言，被《纽约时报》提名为

2006 年十大最佳书籍之一。她最近的一部小说为《楼上的女人》（*The Woman Upstairs*, 2013）。她常年为《纽约书评》《纽约时报书评》和《金融时报》以及其他刊物撰文。她在哈佛大学执教，与家人住在马萨诸塞州剑桥。

朱利安·巴恩斯（Julian Barnes，1946—   ）著有 12 部小说，其中包括获得 2011 年布克奖的《终结的感觉》（*The Sense of an Ending*），以及《星期日泰晤士报》排名第一的畅销书《时间的噪音》（*The Noise of Time*）。他还著有 3 部短篇小说集《交叉渠道》（*Cross Channel*）、《柠檬桌》（*The Lemon Table*）和《脉搏》（*Pulse*）；4 本散文集；2 本非虚构作品《没有什么害怕的》（*Nothing to be Frightened of*）和《生活的层次》（*Levels of Life*）。他的作品被翻译成 47 种语言。

安·沃伊（Ann Wroe）自 2003 年担任《经济学人》的讣闻编辑。在获得中世纪历史的博士学位后，她曾在 BBC 世界服务工作，并于 1976 年加入《经济学人》，报道美国政治。她还著有 7 本书。她的第三本书《皮拉提：被创造出的人的自传》（*Pilate: The Biography of an Invented Man*, 1999）被提名塞缪尔·约翰逊奖（Samuel Johnson Prize）和 W. H. 史密斯奖（W. H. Smith Award）；她第六本书《奥弗伊斯：生活之歌》（*Orpheus: The Song of Life*），获得了 2011 年的克里提科斯奖（Criticos Prize）。她最近的一本书为

《光的六面》（*Six Facets of Light*）。她是皇家历史学会和皇家文学学会的成员。

约翰·兰彻斯特（John Lanchester, 1962— ），记者、小说家。他担任《格兰特》《纽约书评》《卫报》和《纽约人》以及其他一些出版物的撰稿人。他的首部小说《快乐的负债》（*The Debt to Pleasure*）赢得了 1996 年惠特布莱德图书奖的新书奖（Whitbread Book Award）。他的回忆录《家庭浪漫故事》（*Family Romance*, 2006）回顾了母亲的故事，她此前曾是个修女，向丈夫和孩子隐瞒了自己的真实姓名、年龄和生活故事。他的《如何讲述金钱》（*How to Speak Money*, 2014）一书出版后，迈克尔·刘易斯（Michael Lewis）称兰切斯特是"金融危机及其后果的最佳解释者之一"。

爱米娜塔·福纳（Amintta Forna, 1964— ）是小说家和专栏作家，有 3 部小说获奖，分别是《被雇佣的人》（*The Hired Man*）、《爱的回忆》（*The Memory of Love*）和《祖先石头》（*Ancestor Stones*），并写有回忆录《在水上跳舞的恶魔》（*The Devil that Danced on the Water*）。她曾获得温德哈姆·坎贝尔奖（Windham Campbell Prize）和共同体作家最佳小说奖（Commonwealth Writers Best Book Prize），并获得橘子小说奖、IMPAC 奖、塞缪尔·约翰逊奖、BBC 短篇小说奖（BBC Short Story Prize）和诺伊斯塔特奖（Neustadt

Prize）的提名。她目前是华盛顿乔治敦大学莱纳诗歌协会的会长。

安德鲁·莫申（Andrew Motion，1952— ）是 1999—2009 年的英国桂冠诗人（UK Poet Laureate）。他现任约翰·霍普金斯大学的霍姆伍德教授，居住于巴尔的摩。

威廉·波伊德（William Boyd，1952— ）是小说家、剧作家。他发表了 14 部小说，最近的一部为《甜蜜的爱抚》（*Sweet Cares*），由布鲁姆斯·伯里出版社出版。他多年来广泛就艺术和艺术家写作，最著名的是其短篇"传记"《纳特·泰德：一位美国艺术家 1928—1960》（*Nat Tate: an American Artist 1928—1960*）。

马修·斯维特（Matthew Sweet，1969— ）著有《创造维多利亚们》（*Inventing the Victorians*，2001）、《谢珀顿·巴比伦》（*Sepperton Babylon*，2005）和《西端前线》（*The West End Front*，2011）。他频繁出现于英国广播节目中，在 BBC 3 奉上的是《自由思考》（*Free Thinking*）和《电影的声音》（*Sound of Cinema*），在 BBC 电台呈现《哲人的臂膀》（*The Philosopher's Arms*）。他的报道定期出现在《卫报》和《艺术季刊》上。他曾担任过科斯塔图书奖（Costa Book Award）的评委，并为企鹅出版社的经典系列编辑过

《白衣女人》(*The Woman in White*),是"播出时间 / 亚特兰大天空"剧集《可怕的佩妮》(*Penny Dreadful*)的顾问。在 BBC2 的电视剧《时空探险》(*An Adventure in Space and Time*)中,他扮演一只来自瓦提斯星球的飞蛾。

安德鲁·奥海根(Andrew O'Hagan,1968—)是当代英国最令人兴奋也是最严肃的作家之一。他曾三次被提名布克奖。他于 2003 年当选为格兰塔最佳英国年轻小说家(*Granta's* Best of Young British Novelists)之一。他曾获得《洛杉矶时报》图书奖(*Los Angles Times* Book Award)和美国艺术和文学学会的 E. M. 福士特奖(E. M. Forster Award),现居伦敦。

图书在版编目（CIP）数据

珍宝的殿堂：随大作家深游博物馆 / （英）玛吉·
弗格森（Maggie Fergusson）编；乐艳娜译. —重庆：
重庆大学出版社，2019.12
书名原文：Treasure Palaces: Great Writers
Visit Great Museums
ISBN 978-7-5689-1549-6

Ⅰ.①珍…　Ⅱ.①玛…　②乐…　Ⅲ.①博物馆–介绍
–世界　Ⅳ.①G269.1

中国版本图书馆CIP数据核字（2019）第087066号

珍宝的殿堂：随大作家深游博物馆
zhenbao de diantang: sui dazuojia shenyou bowuguan

[英]玛吉·弗格森　编

乐艳娜　译

责任编辑　王思楠
责任校对　关德强
责任印制　张　策
装帧设计　周安迪
内文制作　常　亭

重庆大学出版社出版发行

出版人　饶帮华

社址　（401331）重庆市沙坪坝区大学城西路21号

网址　http://www.cqup.com.cn

印刷　深圳当纳利印刷有限公司

开本：787mm×1092mm　1/32　印张：10.125　字数：159千
2019年12月第1版　2019年12月第1次印刷
ISBN 978-7-5689-1549-6　定价：48.00元

版贸核渝字（2017）第120号